湛庐CHEERS

与最聪明的人共同进化

HERE COMES EVERYBODY

Better, Simpler Strategy

[美] 菲力克斯·奥伯霍尔泽-吉
Felix Oberholzer-Gee 著

王喆 译

战略是简单的

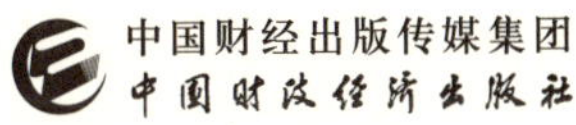

Better,
Simpler Strategy

我们之间有什么不同
唯有一个躁动不安的梦
它追随我的灵魂
却不敢靠近你

——

纪伯伦

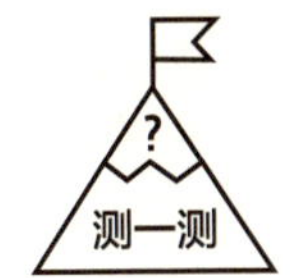

你对战略的本质了解多少？

扫码鉴别正版图书
获取您的专属福利

- 以下哪个战略不能称得上是真正的“好战略”？（ ）

  A. 先考虑价值，而非利润的战略

  B. 一套包含众多战略维度的详尽战略体系

  C. 让你和你的员工、消费者、供应商共赢的战略

  D. 可以创造具有差异化价值的战略

扫码获取全部测试题及答案，
测一测你对“战略的本质”
了解多少

- 以下哪种行为可以帮你提升潜在用户的购买意愿？（ ）

  A. 打造更具吸引力的产品

  B. 寻找能创造价值的互补品

  C. 提升网络效应

  D. 以上都可以

- 聪明的公司总能找到新的为员工创造价值的方式。以下哪种方式能够从本质上助你达成这一目的？（ ）

  A. 提供更丰厚的薪酬待遇

  B. 让工作变得更具吸引力

  C. 建立激烈的竞争机制

  D. 不断改进工作流程

扫描左侧二维码查看本书更多测试题

战略是简单的，但看到它的简单性绝非易事

战略是简单的。

我不知道用这样一个定论式语句开篇是否合适。你是本书的读者，我们彼此并不相识，我也担心会因此给你留下不好的第一印象。所以得先向读者说明，我并不喜欢妄下定论。在我通过严谨的学术研究改善管理行为的领域里，一切结论都是基于仔细的推理得到的。我使用的句式通常以“可能”为起始，并且在给出数字的同时设定 95% 的置信区间。

即便如此，这句话依然正确：战略是简单的。

看到战略的简单性绝非易事。我用了多年时间，且在老师和同事的指引下，才发现了战略的这一本质，而讲述和分享这一领悟可能会更加困难。所幸我在这方面有很多实践。我在哈佛大学商学院（以下简称哈佛商学院）执教已将近 20 年，在这近 20 年里，我几乎每周有机会和来自世界各地的高管人员及攻读工商管理硕士学位的学生探讨战略问题。在此过程中我发现，当看到了战略的简单性这一本质后，我们的思维也得到

了解放。如魔法一般，这使得我们可以不再受那些高深莫测的行业术语和不一致的理论框架的束缚，能迅速理解优秀的公司是如何做出卓越业绩的，而有些公司又为何无法发挥出自身的潜力。这种体验、这种豁然开朗所带来的自由感，正是我想通过本书与你分享的。的确，这是一本有关公司（财务）业绩表现的书，然而我的兴趣并不在于整理出一本成功公司的故事集，而是帮助读者养成一种强大但简单的思维方式，去思考企业及战略管理的作用。

大部分书籍能够出版都不是作者一个人的功劳，本书也不例外。在此我要特别感谢亚当·布兰登伯格（Adam Brandenburger）和哈博恩·斯图尔特（Harborne W. Stuart），是他们为基于价值的竞争理论发展奠定了知识基础。[1]

对于任何一位作者而言，如果没有挚友耐心地阅读初稿并给出中肯的意见，又怎么可能取得进步？在此，我非常感谢文英美（Youngme Moon）帮我捕捉到了核心框架中的关键思想，并帮助我找到了本书的思路和方向；感谢弗朗西丝·弗莱（Frances Frei）与我合作完成了前期介绍基于价值的战略理论的手册；同时也要感谢米希尔·德赛（Mihir Desai）、罗宏（Hong Luo）及丹尼斯·姚（Dennis Yao），他们强大的分析能力使得论证雄辩有力。[2] 感谢埃米·伯斯顿（Amy Berstein）、克劳迪奥·费尔南德斯－阿拉斯（Claudio Fernández-Aráoz）、丽贝卡·亨德森（Rebecca Henderson）、休伯特·乔利（Hubert Joly）、拉弗埃拉·萨顿（Raffaella Sadun）、戴维·约菲（David Yoffie），以及我在哈佛商学院战略组的诸多同事，感谢他们给予我颇为有用的点评。我要感谢哈佛商学院全球倡议中心位于世界各地的执行理事和研究员给予的帮助。皮帕·塔布曼·阿默丁（Pippa Tubman Armerding）、埃塞尔·策金（Esel Çekin）、拉赫娜·乔拉（Rachna Chawla）、卡拉·拉朗杰拉（Carla Larangeira）、佩德罗·拉文度（Pedro Levindo）、费尔南达·米格尔（Fernanda Miguel）、安贾里·雷纳（Anjali Raina）、佐藤信夫（Nobuo Sato）、拉赫娜·塔希尔亚尼（Rachna Tahilyani）和帕特里西娅·托姆（Patricia Thome）为我带来了全球视野，并为我提供了他们在工作中遇到的许多基于价值的战略实例。

如果没有在日常课堂上与高管人员及攻读工商管理硕士学位的学生进行的数百次对话，尤其是在综合管理培训项目中与学员之间的对话，我就不可能完成这本书的写作。他们教会了我如何思考，如何以更简单且高效的方式思考战略及企业取得卓越业绩的相关问题。同时，我要感谢文字编辑佩姬·阿尔普泰金（Pegge Alptekin）认真地阅读我的手稿；感谢视效天才——斯科特·伯伦纳托（Scott Berinato）赋予本书中的图片以生命；还要感谢我的编辑杰夫·基欧（Jeff Kehoe），是他一直推动着整个项目，直至圆满完成。

你准备好了吗？准备好和我一起思考、一起筑梦了吗？让我们开始吧。

Better, Simpler Strategy

目录

第二部分　为用户创造价值，就是为你创造价值

第五部分 战略的全面落地，让价值驱动朝着我们想要的方向移动

第六部分　从价值到价值网络，不做“盲飞”的企业

Better, Simpler Strategy

第一部分

优化你的价值棒，让卓越的业绩如影随形

通过简化战略，
我们能使战略更强大。

Better,
Simpler Strategy

更简单，更好 01

在过去的几十年里，战略的概念逐渐成熟。如果你在一家颇具规模的公司里工作，这家公司很可能同时拥有市场战略（追踪和塑造消费者品位）、企业战略（从协同效应中获益）、全球战略（把握世界范围内的商业机会）、创新战略（领先于竞争对手）、知识产权战略（保护创新成果）、数字化战略（应用和探索互联网）、社交战略（与线上社群互动），以及人才战略（吸引有出色技能的个人）。而在每一项战略中，那些有能力的员工还要处理许多突发的紧急事务。

公司要考虑所有的挑战当然是正确的。快速的技术变革、全球竞争、全球气候变化和世界卫生突发事件所造成的供应链中断，以及不断演变的消费者品位，这些似乎都给我们的传统经营方式带来了挑战。由于世界经济趋于一体化，企业需要一个全球化的战略。技术发展不断地改变着消费者的品位和使消费者满意的方式，重新定位创新和市场营销变得至关重要。工作场所多元化不足造成的成本增加和严重的不公平现象是我们无法忽视的，因此公司需要找到一些方法来建立更加多元的人才库和丰富多样的职业发展路径。然而，在应对每一个新的挑战时，我们对公司提出了越来越多的要求，对员工提出了更高的期望，同时更加依赖复杂的战略体系为我们带来纯粹的奇迹。

这种不断提高期待的现象在世界各地越来越普遍。很多公司都宣称自己有独一无二的产品和“千载难逢的性价比”，能为消费者提供意想不到的体验，但与之相伴的是员工超长的工作时间、几乎无法完成的业绩指标，以及忙乱不堪的生活。每次我去不同的公司做调研以编写案例时，都会被这些公司员工的工作表现所震撼，他们居然能在极短的时间里完成如此大量的工作，且很多时候可以使用的资源还十分有限。然而让我最惊讶的是，在拥有如此复杂的公司战略和高强度的工作安排的条件下，大部分公司并没有表现出惊人的盈利能力，也不是每位员工都能获得丰厚的薪酬待遇。就拿盈利能力来说，在标准普尔 500 指数（后文简称“标普 500”）的公司里，有 1/4 的公司无法维持高于资本成本的长期回报。

我们来想一下，为什么很多公司存在这种现象：每个岗位上的员工都非常能干、肯干，但他们付出很多努力却换来很少的回报？为什么成熟的战略和努力的员工能为一部分公司带来长期财务上的成功，而在其他公司中却收效甚微？我们拥有人类历史上受教育程度最高的劳动力和最出色的公司领导者，但为什么想要拥有持久的成功仍如此艰难？如果你曾经问过这样的问题，那么本书就是为你而写的。

当公司无法实现预期目标时，我们总会怀疑是不是缺少了某个要件。如果我们有更好的人才战略，如果我们的供应链能再稳定一点，如果我们的创新通道能更丰富多元，如果……于是，我们去开发人才战略，对能强化公司韧性的业务进行投资，以及加快创新周期。我们的战略想法不断叠加，不可预见性也随之而来。我们想要照顾到每一棵树，却忽略了整片森林。在纷繁复杂的事务中，我们很难看到整体的方向和指导原则。每一个好想法似乎都值得争取，最后，常识为王，而战略则失去了真正引导公司的能力。在这个世界里，战略规划已经成为一年一度的仪式，充斥着官僚气息且根本无法帮助公司解决关键问题。其实我们不难发现，有的公司完全没有战略可言，而又有很多公司其战略长达 80 页，充满了数据却缺少见解。这种战略详细罗列了各种建议，却几乎无法在决策制定中起到任何作用。[1] 当查询一些公司的战略规划时，我通常会看到过多的理论框架，而且很多框架之间缺乏一致性，也缺乏对高效企业管理的引导。如果说一个好战略的标准是能够告诉我们不要做什么、不要担心什么、应该放弃哪个项目，那么当下很多企业的战略规划都不达标。[2]

在本书中我要表达的是，在战略管理领域，我们正面临着一个极具吸引力的返璞归真的机会。通过简化战略，我们能使战略更强大。通过将一个可以纵观全局且易于理解的框架与财务上的成功进行关联，我们得以用同一种语言评估并串联公司内部的所有活动。

这种简化战略的思维所产生的影响，在哈佛商学院我所教过的数百位管理者的身上都有很好的体现。这些管理者都非常熟悉常见的战略框架，他们所在的公司也曾投入大量人力来做战略规划，以此来引导投资决策和管理资源的分配。但是很多时候，即便是成功的专业人士，也很难真正理解某个项目与公司的整体战略之间有着怎样的联系。这些战略起到的最好的作用就是作为判断标准对某项业务主张给予支持或反对，而对于怎样选择、专注于哪里，它们却无法给予好的指引，因此项目和业务活动开始增加。如果在公司里没有一个人懂得什么时候该说不，那么大多数的想法（由能力强、有野心的员工提出的想法）看起来都是好想法。而当大部分的想法看上去都是好想法的时候，就形成了当下这种业务过多的局面。[3]

我的战略研究方向主要针对我在课堂上所观察到的挑战，以及作为企业顾问的能力所及。从我的经验来看，基于价值的战略，也就是我在本书中要介绍的方法，非常适合梳理复杂性问题和评估战略规划。基于价值的战略是一个强大的工具，能让你看到公司的数字化战略是否与公司的全球计划有关联、有什么关联，以及公司的市场营销战略是否与人才竞争战略相一致。基于价值的战略能为你提供决策信息，帮助你决定战略重点，并告诉你如何深化企业的竞争优势。

基于价值的战略依赖的基本直觉很简单：那些在财务表现上能够保持长期成功的企业，为它们的客户、员工或供应商创造了巨大的价值。这一概念可以通过一个简单的图形来表述（图 1-1），我将这个图形称为价值棒（value stick）。

图 1-1　价值棒

价值棒的顶部是支付意愿（Willingness-to-pay，WTP），它代表着顾客的视角。具体来说，这是顾客愿意为某一件产品或服务支付的最高金额。如果公司能够找到改善自己产品的方法，顾客的支付意愿就会上升。

价值棒的底部是销售意愿（Willingness-to-sell，WTS），它代表着员工和供应商的视角。对于员工来说，销售意愿是他们愿意接受某份工作所对应的最低薪酬。如果公司能够找到使工作岗位更具吸引力的方法，员工的销售意愿就会下降。如果某项工作特别危险，员工的销售意愿就会上升，员工也会要求更高的薪酬待遇。[4] 对于供应商来说，销售意愿是指他们愿意出售商品或服务所对应的最低价格。如果企业能够找到某种使供应商更易于生产和运输产品的方法，供应商的销售意愿就会下降。

支付意愿和销售意愿之间的差额决定了价值棒的长度，它对应的是一个企业所创造的价值。研究表明，卓越的企业财务业绩（减掉企业资本成本后的回报）源于创造出更大的价值。[5] 而要创造额外的价值，企业只有两条路可以走：提升支付意愿和降低销售意愿。[6] 战略从概念上来说是简单的，而我相信更简单的战略思维会带来更好的成果。

蓝色重生，让百思买起死回生

基于价值的战略最典型的案例就是百思买，它是美国最大的消费类电子产品和家用电器零售商。2012 年年底，百思买公开招聘新的首席执行官。当时亚马逊已经成功地抢了百思买的生意，发展了电子产品业务，并且为消费者提供了广泛的产品选择和极具竞争力的价格。与此同时，沃尔玛和其他大型零售商通过专注于最受欢迎的电子设备和可以批量销售的家电，抢走了百思买的市场份额。而最糟糕的也许是在消费者群体中兴起的“展厅现象”，也就是说消费者去实体店仅仅是为了确定自己更喜欢哪件商品，然后再通过电商购买。在多方夹击之下，百思买业绩惨淡也就不足为奇了。百思买想要取得成功几乎是不可能的。不少人都认为，百思买已经在劫难逃。2012 年，百思买在一个季度内的亏损达 17 亿美元。虽然百思买的投资回报率长期以来一直在下滑，但此前也基本能保持在百分之十几，然而在 2012 年却跌至 -16.7%。[7] 知名第三方研究机构桑德福 · C. 博恩斯坦（Sanford C. Bernstein）的分析员科林 · 麦格拉纳汗（Colin McGranahan）说：“百思买就像是在用短刀应对枪战。”《商业内幕》曾刊登过一篇文章，标题为《百思买应该消亡》（*Best Buy Should Be Dead*）。

价值战略法则

Better, Simpler Strategy

百思买，依靠 4 个原则起死回生

卡尔森全球酒店集团的前战略顾问兼首席执行官休伯特 · 乔利，接受了让百思买起死回生这一挑战。乔利和他的团队设计了一个名为“蓝色重生”的改革战略，以应对百思买当时所处的可怕境遇。“蓝色重生”战略的核心是通过提升顾客的支付意愿，同时改善顾客的价值感知，来为顾客创造更多的价值。他们不再把百思买拥有的超过 1 000 家的实体店看成竞争中的累赘，而是重新思考了实体店的作用，并将它们看成有利资源。他们认为，未来实体店应主要具有 4 种功能：销售点（传统功能）、店中店模式的品牌展厅、提货点、小型仓库。

百思买自 2007 年以来便允许苹果公司在百思买实体店里运作自己的展厅。乔利对这个项目进行了拓展。百思买于 2013 年在实体店里增加了三星体验区和微软体验区，一年后又增加了索尼体验区。连亚马逊最终都在百思买的实体店里设立了开放式自助柜台。店中店的概念给百思买带来了新的收入来源和更好的消费体验。百思买当时的首席财务官莎伦·麦科勒姆（Sharon McCollam）解释道："我们的供应商在实体店里的投资是让人不可思议的。毫不夸张地说，这个数额高达数亿美元。"[8] 同时，供应商也会为百思买实体店里自己展厅的工作人员提供薪酬补贴。而更重要的是，由于实体店里这些身着各品牌工作服的工作人员都有特定的品牌顾问的支持，并专注于某个单一品牌，百思买可以为顾客提供更深层的消费体验。这种"店中店"的做法不仅为百思买带来了收益，也能让百思买的供应商获益。百思买为供应商创造出这样一种直接接触顾客的更经济的方式，运营店中店与运营独立的品牌店相比成本更低，同时供应商也能从增加的人流中获益。因此，百思买通过降低供应商的运营成本，降低了供应商的销售意愿。[9]

将百思买的实体店作为小型仓库的做法也被证实是有效的。乔利的团队了解到：对于顾客来说，收到新产品的速度是影响其支付意愿的一个重要因素，即时的满足感是很难被超越的。传统的做法是供应商将产品从大型配送中心寄出。这些配送中心周末不营业，同时库存管理软件陈旧，因此经常缺货且配送速度极慢。[10] 在百思买的"蓝色重生"战略中，产品会从配送速度最快的地点发出，这些地点有时是配送中心，但通常是附近的一家实体店。2013 年以前，百思买可以发货的实体店数量是 400 家。一年之后，上升至 1 400 家，这使得百思买在配送速度上第一次超过了亚马逊。[11] 另外，顾客也喜欢在线上下单，到实体店提货。几年内，百思买 40% 的线上订单实现了在实体店提货或发货。[12]

乔利和他的团队也再次审视了百思买的线上表现。与很多传统零售商一样，百思买的管理层将互联网看作一种威胁，是已经成形的企业运营方式的替代品。百思买虽然建立了线上销售渠道，但也只是敷衍了事。百思买的官方网站只提供零星的产品描述、少量的顾客评价及糟糕的搜索功能，且没有整合公司的常客计划。不满意的顾客抱怨说，百思买官方网站还经常推荐一些已经断货的产品。这一切都在乔利接手后得到了改变。与之前把互联网看成替代品不同，百思买现在把它看成互补品，是一项能够提升百思买实体店价值的投资。虽然大部分顾客的消费行为始于线上，但很多顾客依然想在购买之前亲手摸一摸商品，感受一下。乔利首次采用了线上产品价格与实体店产品价格相匹配的方式，以此将实体店顾客转化为付费顾客。即使是在线上完成交易的顾客，也会为实体店带来价值。他们到实体店里提货的时候，经常会顺便购买一些其他产品或服务包。一旦看到线上销售能够为实体店的销售提供支持，百思买便加快了对其官方网站的投资。仅仅几年时间，百思买的网站就已经与主流电商网站不相上下，百思买的线上销量也急速上升。截至 2019 年，百思买的电商业务贡献了 1/5 的盈利。

“蓝色重生”战略使百思买重获新生。让我们一起来看看乔利和他的团队是通过哪些举措来提升顾客的支付意愿，降低供应商和员工的销售意愿的（图 1-2）。

2016 年，当乔利宣布“蓝色重生”战略已经实现了预期目标时，百思买的投资回报率已经从负数上升到了 22.7%，税前利润率也翻了一番，股价在短短 6 年内翻了两番。①

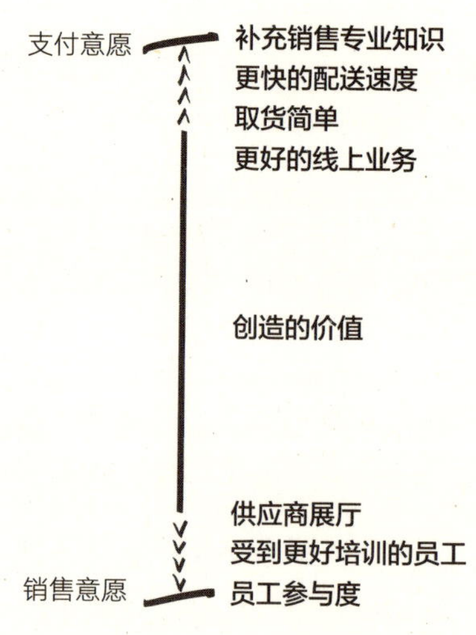

图 1-2 “蓝色重生”战略中的价值创造

百思买的起死回生向我们展示了基于价值的战略的 4 个关键原则。

- **善于创造价值的公司都会专注于支付意愿和销售意愿。**每一项重要的举措都是为了改善顾客的体验

① 整个行业市场在此期间翻了一番。在实施了“蓝色重生”战略后，百思买持续超越竞争对手。2016 年至 2020 年年初，百思买股价的增长速度是标普 500 公司股价增长速度的 2 倍多。

（提升消费者的支付意愿），或者增加公司对供应商和员工的吸引力（降低他们的销售意愿）。那些不能满足这个条件的举措则会被取消。例如，百思买取消了与亚马逊类似的交易市场，这是一种允许第三方供应商直接销售自己产品的交易平台，因为它无法创造价值。

- **业绩表现优于同行的公司，都是通过难以被模仿的方式提升支付意愿或降低销售意愿的。**百思买最独特的资产就是其强大的实体店网络。百思买可以在实体店中为顾客提供专业且客观的服务，这是其他竞争对手以匹敌的。亚马逊就缺少类似的实体平台，沃尔玛也并不擅长高接触性服务，而苹果公司更是无法提供客观的建议。
- **简单性可以产生创意和支持广泛互动的空间。**乔利曾经用最简单的语言描述了“蓝色重生”战略：“我们的使命是成为技术性产品和服务的权威和消费终点。我们在这里帮助顾客发现、选择、购买他们想要的产品，并且提供分期付款、激活设备等服务，为他们带来良好的购物体验，令他们最终淘汰了已有的技术性产品。我们为供应商伙伴提供最好的技术性产品展厅，在线上和线下帮助他们推广产品。”[13] 显然，顾客的支付意愿，以及供应商和员工的销售意愿才是最重要的。百思买的转变速度是惊人的，它快速提出并落实了十几项举措。如果我们要快速执行某项战略，则战略的简单性至关重要。

如果每位高管、每个店长、每名员工都知道应该通过什么方法提升支付意愿或降低销售意愿，那么他们就一定可以将公司推向正确的方向。

- **很多最成功的公司关注的重点都是如何保住自己在行业内的竞争地位，而不是提升整个行业的平均业绩。**乔利解释说："如果你还记得的话，过去，公司传达的信息都与行业的阻力有关。而今天，我们不再讨论行业阻力……我们认为，企业自身的行为比行业的外部环境具有更大的影响力。"在那些能够创造卓越业绩的企业里，我们普遍可以看到上述思维方式，其中的原因有三个：第一，对于大部分行业来说，行业内部各企业间盈利能力的差异要大于行业间盈利能力的差异。[14] 也就是说，最好的商机永远是在现有的行业里，即使对于企业来说这有一定的难度。第二，好的行业基本面也同样意味着企业要进入这个有吸引力的行业，就需要付出高额的成本。第三，企业如果已经处于挣扎求生的状态，那么一味地强调行业的阻力只会打击员工的士气，且会进一步降低生产率。"这会形成一种恶性循环，"乔利说，"一旦你开始打胜仗，员工们就会兴奋起来，也会自信起来。"百思买的内部数据显示，到2013年，员工的参与度超过了2006年至2012年的任何一个时期。[15]

当然，与百思买的未来有关的问题还有很多。

- **百思买是因为幸运吗？**这毫无疑问。我不知道哪家公司的辉煌业绩是不带任何幸运成分的。像新一代苹果手机和电子游戏机这些广受欢迎的电子产品对于百思买的起死回生无疑都起了一定的作用。一些小型电子产品零售商实体店的关闭，也减少了百思买的竞争压力。然而单凭运气是无法使企业长期创造卓越业绩的。最好的企业能把握和利用自身所处的局势，无论这种局势是优势还是劣势。基于价值的战略不在于你能拿到什么样的牌，而在于如何更好地把牌打出去。
- **百思买能否维持长期成功？**时间通常并不会善待那些拥有高绩效的企业。通过考察我发现，那些创造过卓越价值的企业，一般在 10 年间就会失去约一半的竞争优势。在百思买所在的市场中，亚马逊（消费类电子产品）和劳氏（家用电器）等公司依然在扩大他们的市场份额。2018 年，亚马逊第一次以微弱优势超过百思买，成为美国最大的消费类电子产品零售商。对于销售成本占总成本 80% 的行业来说，相对市场份额非常重要。企业的市场份额越高，与供应商的议价能力就越强。“只有做领头羊，我们才能赢。”乔利如是说。[16] 虽然行业形势严峻，乔利依然保有他一贯的乐观：“我们在自己的顾客的电子产品消费中的份额为 26%。这让我们感到很惭愧。即使我们能拿到 1/3 的份额，这依然让我们感到惭愧，但这将给整个公司带来巨大的业绩增长。”[17]

基于价值的战略可以明确地引导企业找到潜在的业绩增长点和具有最大价值潜力的商机。

价值棒，持续为企业创造卓越价值

在下文中，我将围绕百思买战略的指导原则，即长期财务成功反映的是卓越的价值创造的原则，来探索不同行业和不同市场环境下的企业是如何将这一原则应用到实践中的。本书将带你全面认识价值棒，以及关键的价值驱动因素（图 1-3）。

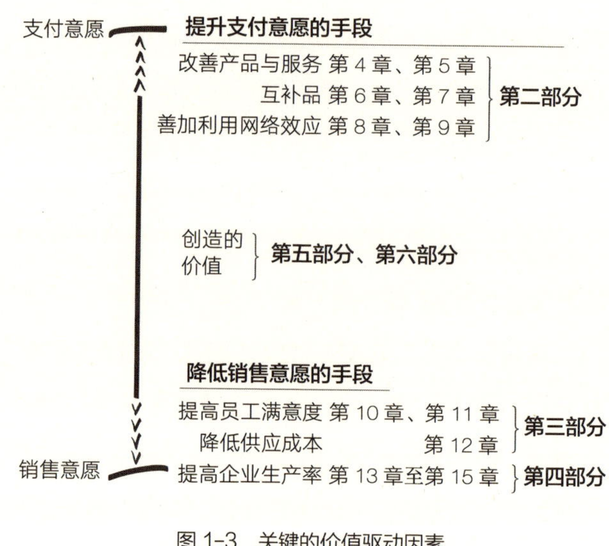

图 1-3 关键的价值驱动因素

第一部分：优化你的价值棒，让卓越的业绩如影随形。我们会问为什么有的公司要远比其他公司更成功。例如，家居装修零售商劳氏和家得宝本质上难道不是一模一样的公司吗？为什么家得宝就能在盈利能力上远超劳氏？事实证明，这些问题的答案与公司是如何为顾客、员工和供应商创造价值的有关。这也许出乎你的意料，然而却是事实：业绩表现最好的公司，往往不会最先考虑自己。它们做梦都在想如何能以更好的方式为别人创造价值。先考虑价值，而不是利润，然后利润就会如影随形。

第二部分：为用户创造价值，就是为你创造价值。你是不是一向支持弱者？如果是，那你一定会喜欢亚马逊当年在与行业霸主索尼进行激烈竞争后，最终得以在消费类电子产品市场占有一席之地的故事。那时的索尼拥有一切：最好的电子阅读器技术，一个消费类电子产品的明星品牌，以及相当于一个小国国民生产总值的市场营销预算。亚马逊的优势呢？一个更好地为顾客创造价值的思维方式。在我做研究的早期阶段，直觉告诉我以销售为驱动的公司（如索尼）和专注于支付意愿的公司（如亚马逊）应该会展现出相似的业绩表现，然而事实证明这个直觉是错的。习惯于从支付意愿的角度思考问题的公司通常会有显著的长期竞争优势。

我们能很轻易地想到一些提升支付意愿的方式，如提高产品质量、加强品牌形象、创新。但那些常常会被我们忽略的战略甚至也可能带来显著的成效。例如，观察企业如何利用互补品来提升支付意愿就很有趣。互补品是指其存在能提升其他产品或服务的支付意愿的产品或服务，如打印机和墨盒、汽车和汽油。米其林和阿里巴巴集团都曾以互补品为助推器来进入新的行业；苹果公司则从防守的角度利用互补品缓解价格下滑带来的冲击；美国连锁电影院哈金斯剧院巧妙地利用互补品来提高上座率。如果你只是单纯地在自己的产品和服务上竞争，还没有看到互补品的作用，那么你的公司很可能已经有麻烦了。

说到麻烦，当看到像优步、Grab 和滴滴这类共享出行公司的盈利之路如此艰难时，你是否会感到惊讶？当你看到投资者起初垂青于某些公司，随后又不待见它们，你是否会感到惊讶？这种市场情绪的波动反映了我们对网络效应的看法。网络效应创造出了一种正向反馈循环：更多的乘客能吸引更多的司机，进而获得更多的乘客。很多领先的科技公司都依赖网络效应来拉动支付意愿。在极端情况下，网络效应可以创造出巨大的用户价值，使整个市场发生倾斜，最后仅剩下一家公司。然而正如我们在共享出行市场中所看到的，鲜有赢家通吃的局面。比知道公司会在网络效应中获益更重要的是，要懂得如何评估网络效应的强度。哪些因素能够加强网络效应，网络效应会在何时消退。

我们在本书第二部分看到的都是截然不同的公司：从化妆品公司到医药公司，从上市公司到家族企业，从全球领先企业到区域初创公司。然而它们都依赖相同的 3 个杠杆来提升支付意愿，并创造出了更大的用户价值：更具吸引力的产品、互补品，以及网络效应。

第三部分：为员工和供应商创造价值，才会激发更多新机遇。让我们将注意力转移到价值棒的底部。在这里，我们将认识一些通过降低员工和供应商的销售意愿来获取竞争优势的公司。在人才竞争中，企业会采取两种手段来吸引员工：提供更丰厚的薪酬待遇或让岗位更具吸引力。虽然这两种手段乍一看很相似，它们都能提升员工的参与度和满意度，然而两者所带来的结果却有着天壤之别。提升薪酬待遇是把公司的价值转嫁给员工，在这个过程中没有价值的创造，只有价值的再分配。而提供更具吸引力的工作条件则能创造出更多的价值。让我感到不可思议的是，聪明的公司总能找到新的为员工创造价值和与员工分享价值的方式。因为处于领先地位的公司非常擅长降低销售意愿，我们时常能看到它们在劳动力成本上享有 20% 甚至更多的优势。如果你只依赖更丰厚的薪酬待遇来进行人才竞争，固然也能吸引有能力且敬业的人，但你会错过一个绝佳的通过为员工创造价值来提高企业生产率的机会。

降低销售意愿的战略同样有助于改善与供应商的关系。早在新冠肺炎疫情暴发之前以及全球供应链由于气候变化愈加频繁地中断之前，相关专家就已经意识到与供应商之间保持紧密且灵活的合作关系的价值。如果你能帮供应商找到降低与公司合作对应成本的方法，就能捕获一部分由此创造的价值。但是，理论层面看似简单的事情，操作起来通常很艰难。很多时候买家与供应商的关系都不尽如人意，这不是因为双方看不到创造价值的可能性，而是因为他们都担心另一方会吞噬大部分成功的合作所产生的收益。

研究和观察公司处理上述矛盾的实践过程对我们来说有很大的借鉴意义。在后文中，我们将看到塔塔集团在成本受到严格约束的情况下，是如何赋权于博世，鼓励突破性创新的；我们将学习耐克是如何打破供应商对量产的执念的；而戴尔将教会我们如何借用供应商的能力来完成几乎没有内部支持或资金的项目。

在与高管的对话中，我时常听到一些高管说他们的产品或服务已经大众化了或已经无法提升支付意愿。（我承认对于这种说法我通常是抱有怀疑态度的。我一直不确定所谓的“大众化”到底是无可厚非的行业事实，还是缺乏想象力的说辞。）即使提升支付意愿的机会少之又少，大部分的公司依然有足够的空间通过为员工和供应商创造更多的价值来获得卓越业绩。

第四部分：规模经济、学习效应、管理质量，决定企业生产率的三种力量。如果让你猜一下某个行业里排名在后 10% 和前 10% 的公司在生产率上的差距，你认为会有多大？这个差距是巨大的。在美国，行业中处于领先地位的公司的生产率是排名最差的公司的 2 倍。在新兴市场中，处于领先地位的公司的生产率是实力最弱公司的 5 倍。想象一下，在投入相当的情况下，一家公司能生产出的产品量是另一家企业的 5 倍！当企业生产率得以提高时，成本与销售意愿就会同时降低。在本书的这一部分，我们将探讨三种可以提高生产率的机制：**规模经济、学习效应及管理质量。**

第一，如果你想知道为什么摩根大通公司在经历了 2008 年经济大衰退后规模翻倍，以及当我们质疑金融机构是否真的“大而不倒”时，我们应该将目光放在规模经济这一重要因素上。作为战略家的经典战术，规模经济依然是降低成本和销售意愿的重要手段。

第二，学习效应，成本会随着产出的积累而降低。其实在机器学习和高级分析的时代，学习已经变得更为重要。就拿异常检测算法来说，利用该算法，工厂能将错误的零部件检测出来，避免它们进入生产流程，因此可以节省大量的生产成本。虽然短时间内掌握一项新技能能够大幅度提高效率，但学习的战略意义依然会出乎我们的意料。想一下率先找到高效工作方法的价值。当所有人都拥有光速般的学习速度时，“率先”的意义也就不大了。你的竞争对手很快就能追上你。因此矛盾的是，当通过学习来降低成本的速度为中等速度时，学习的战略意义才最为明显。

第三，规模和学习是经久不衰的提高生产率的战略，相比之下，基本管理工具的重要性则是比较新的观念。当我们让管理者在 1 ~ 10 的区间内对公司的管理质量进行打分时，大部分管理者给出了 7 分。然而出乎我们意料的是，这些评分并不足以反映一家公司是否真正采用了现代管理手段来提高生产率。而且我所说的并不是什么新一代的管理手段。在很多行业和国家中，公司甚至没有运用像目标设定、绩效追踪和频繁反馈这样的最基本的管理工具。如果你正在努力显著提高团队或整个公司的生产率，这些基本的管理技巧很可能就是带你进入新高度的重要工具。

第五部分：战略的全面落地，让价值驱动朝着我们想要的方向移动。 正如本书第一部分所述，能带来卓越业绩的战略通常建立在3个概念上：为顾客创造价值（提升支付意愿）、为员工和供应商创造价值（降低销售意愿），以及提高生产率（降低成本和销售意愿）。以这个认知为基础，在第五部分里，我们将共同探索企业是如何从战略孕育阶段过渡到战略实施阶段的。观察优秀的战略家做决策的过程是非常有趣的体验。根据我的观察，他们通常会做3个重要的选择。

第一，在诸多选择中，他们仅对一小部分价值驱动因素进行投资，从而占据领先的竞争地位。价值驱动因素是支付意愿和销售意愿的组成部分。对于用户来说，它们是重要的产品和服务属性。例如，在选择酒店时，用户通常会考虑的价值驱动因素有地点、房间大小、员工和友好的服务态度，以及酒店品牌。成熟的战略家有足够的自信心将资源仅运用到一小部分价值驱动因素上，而舍弃其他的驱动因素。对此，谷歌邮箱的开发负责人保罗·布克海特（Paul Buchheit）是怎么说的呢？“如果你的产品非常棒，那么它就无需完美。”[18]

第二，成熟的战略家会分析每个关键的价值驱动因素，深刻理解它们是如何影响支付意愿和销售意愿的。例如，他们明白规模不是灵丹妙药（对比标普500公司的规模及市场份额并不能看出这些公司的盈利能力）。但战略家同样明白，规模在某些情况下起着决定性作用，如在网络效应或规模经济存在的时候。对于每一种情况，他们都能深刻地理解一个价值驱动因素是如何提升支付意愿或降低销售意愿的。

第三，成功的企业往往会通过使用直观的图像在组织内部将整个战略串联起来。我将与大家讨论其中的一种价值地图，它可以向我们展示有关价值的想法与某些关键的绩效指标之间的关系，以及这些想法与能提升整个公司业绩的项目之间又有哪些关系。

第六部分：从价值到价值网络，不做“盲飞”的企业。战略从概念上说是简单的，因为它只有一个目的：创造价值，在这方面做得好的公司最终能领先于整个行业。在这一部分，我们将看到美国休闲领导品牌之一的汤米·希尔费格（Tommy Hilfiger）是如何为在社会上通常处于弱势地位的残障人士创造价值的。想象一下那会是一种怎样的场景，公司的管理者每天上班只有一个信念：为用户、为员工、为与你合作的供应商，创造更美好的生活。单纯追求价值或利润是一个错误的选择。卓越的财务业绩反映了价值的创造。让我再次重申：思考如何创造价值，利润便会如影随形。

上述认知之所以重要，不仅仅是因为它有助于获得成功的业绩。如果你不是一直隐居在深山老林中，就应该知道有些公司的名声并不怎么样。在 2019 年的一项调查中，只有 25% 的受访者表示他们相信自己所在的公司“会一直选择做正确的事而不是单纯追求利润或利益”。[19] 50% 的人同意这样的说法：“当今的资本主义对世界造成的伤害要大于它给世界带来的福祉。”[20] 即使是企业的领导者似乎也同意这种说法。由美国 188 家大型公司参与的商业圆桌会议于 2019 年集体否定了股东资本主义，与会者认为公司有责任为所有的利益相关者，即用户、员工、供应商、社区、股东创造价值。但这难道不是（成功）企业一直在做的吗？公司及其领导者如果真的需要做出改变的话，要如何改变？

针对这一问题，基于价值的战略就具有了独特的前瞻意义。要取得进步，价值必须在每一个企业中稳居核心位置。当我们运用足够的创造力和想象力为用户、员工和供应商创造更大的价值时，即使是最棘手的问题也能迎刃而解。从价值创造的角度来看，股东资本主义和利益相关者资本主义并无差异。能够创造更大价值的方式，即能提升支付意愿和降低销售意愿的方式，就是好的经营方式。但基于价值的思维也同样使我们看到，在如何分配我们创造出的价值方面，有很大的选择空间。公司可以平衡多方利益；我们没有理由认为公司必须只臣服于股东。当我们争辩应该如何分配价值才最合理时，基于价值的思维能指引我们。在后文中，我希望我们都能够以这些概念为中心，带着丰富的想象力和最敏锐的直觉参与这场对话。

机会的海洋 02

一些细微的调整，便能创造巨大的价值

我知道讲故事应该保留一丝悬念，然而我还是想一开始就和你分享一些好消息。大部分公司都有创造更大的价值并显著提高自己的财务业绩的潜力，对此我是抱有非常乐观的态度的，而且这并不只是我一厢情愿的美好愿望。我的乐观建立在严谨的数据分析上。无论哪个行业，你都会发现行业中最好的公司在业绩上要远超其他公司。一家业绩在平均水平的公司，即使只是取得了一些微小的进步，也能创造价值并大幅提升利润。

让我们先回过头来看看其中的原因。我们在本章要讨论的是财务上取得长期成功的案例中存在的广泛规律。虽然没有哪个单一指标能用来描述财务业绩的所有维度，但如果要选出一个最能体现财务业绩的指标，我会选择投资回报率。投资回报率将公司运营中所获得的利润（运营收入）与为获得利润所投入的资本（股权和债务）进行了对比。换言之，投资回报率显示的是一家公司将投资者的资金转变为运营收入的能力。[1]

图 2-1 显示了标普 500 公司 2009—2018 年的投资回报率的分布情况。[2]

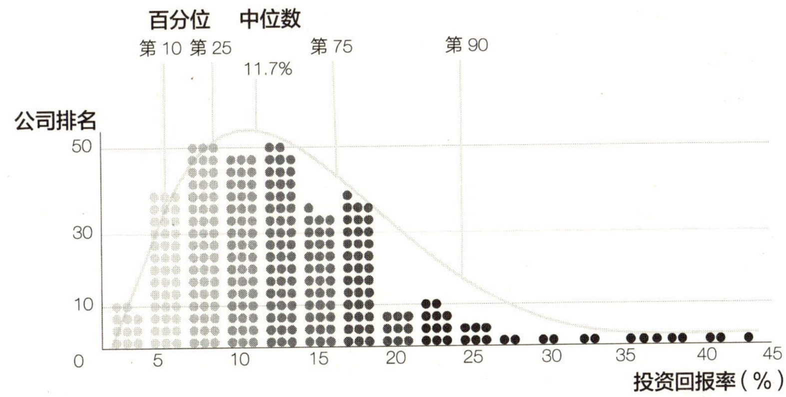

图 2-1　标普 500 公司在 2009—2018 年的投资回报率

当我刚开始研究这类数据时，公司业绩之间的差异之大出乎我的意料。这些都是大型且广为人知的公司，如微软、波音、哥伦比亚广播公司、联邦快递，以及 Twitter。然而神奇的是如果投资回报率处于平均水平的公司（投资回报率为 13.1%）能稍微靠近那些表现最好的公司，如 AutoZone（平均投资回报率为 41.9%）、高露洁 - 棕榄（投资回报率为 37.6%）和苹果公司（投资回报率为 32%），其业绩就会有巨大的提升。

要想看到真正的价值创造，我们需要把图 2-1 中的投资回报率与公司的资本成本进行比较。① 12% 的投资回报率对于有稳定现金流的大型公司来说是极具吸引力的。但对于一家具有高风险的初创公司来说，12% 的投资回报率也许并不足以证明一项投资的可行性。就投资回报率和资本成本之差而言，我们的观点依然成立。如果表现最好的公司，如万事达卡（投资回报率比资本成本高出 23.5%）、TJX 公司（投资回报率为 23.2%）和

① 资本成本反映了投资者在投资某家公司时对投资回报率的预期。如果该公司能够超越这些预期，就说明它为其投资者创造了真正的价值。

百胜餐饮集团（投资回报率为 19.5%），指明了可行的方向，那么大部分公司都应该有很多获得更大的财务成功的机会。[3]

如果你认为上述对比过于乐观，我想告诉你，你不是第一个这样想的人。处于行业平均水平的公司真的能赶上处于领先地位的公司吗？落后于行业平均水平的公司真的有可能至少追平行业平均水平吗？有时候低投资回报率的确反映了难以改变的局势和高管无法控制的客观因素：也许你的公司受困于一个竞争无比激烈的行业；也许它的业务所在国家的消费人群并不富裕，产品价格偏低。然而你不应该因此就轻易断定是外界因素限制了你的公司的潜力。即使是在像印度这样贫穷的国家，我们也能看到不同公司在业绩上的巨大差异，这与我们在美国观察到的现象完全相同（图 2-2）。[4]的确，印度没有美国富裕，但印度也有很多财务业绩出色的公司。在我研究的每一个国家中，数据显示即使在最具挑战性的经营环境下，有些公司依然可以获得很高的投资回报率。

每当我与业绩不太理想的公司的高管会面时，我们之间的对话通常很快会转向关于行业动态的讨论。他们解释说，自己所在的行业正在被数字技术所颠覆，他们不知如何面对激烈的进口竞争，以及为什么难以吸引人才和留住人才。这些高管们说得没错。不同行业的利润率的确会有很大差异。有些行业就是有高出平均水平的投资回报率，而有些行业则明显要低一些。例如，美国的保险业就是一个高度竞争的行业（图 2-3），[5]平均投资回报率仅有 1.2%，处于中位数水平的美国保险公司大大拉低了这一数据。①

① 在我们所述的时间线内，处于中位数水平的保险公司的资本成本在 7% 至 11% 之间波动。

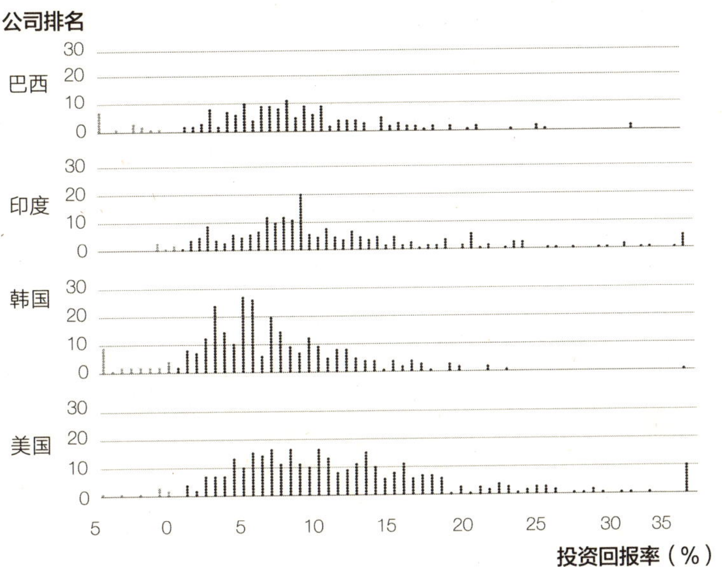

图 2-2　2009—2018 年 4 个国家的投资回报率

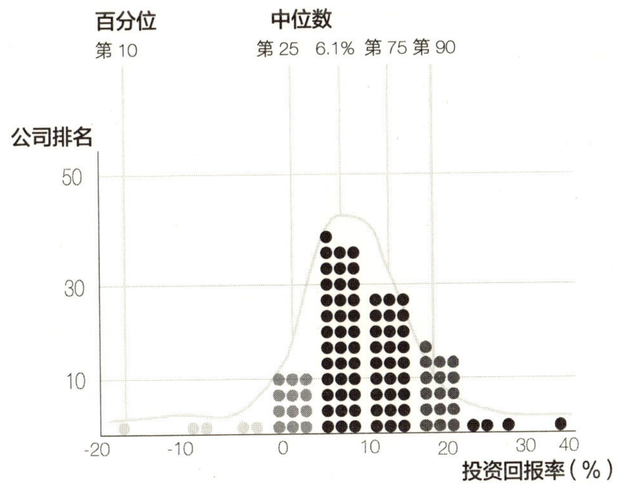

图 2-3　2009—2018 年美国保险行业的投资回报率

然而即使是在像保险业这种运营如此艰难的行业中，我们依然能看到公司在财务业绩上的显著差异。有的公司不知为何就是能做得很好，业绩最好的公司甚至实现了超过 20% 的投资回报率。

不仅是保险业，在一个又一个行业里，我们都看到了处于领先地位的公司以显著优势超越其他同行业竞争对手的现象。还记得百思买的休伯特·乔利把更多心思放在行业内而不是行业间的投资回报率差异上吗？他这么做是有原因的。图 2-4 显示了行业内及行业间的投资回报率的差异。[6] 同行业中处于领先地位的公司与处于落后地位的公司之间的差异通常要远大于不同行业间的差异。

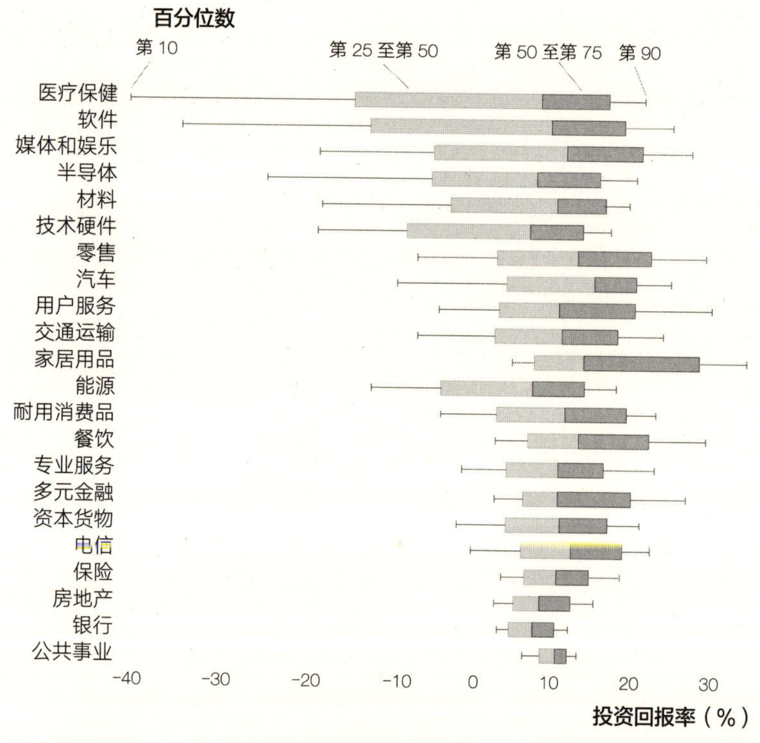

图 2-4　2009—2018 年美国不同行业的投资回报率

图 2-4 中列出的行业是按差异性排列的，从高差异性行业（医疗保健和软件）到低差异性行业（银行和公共事业）。为了更好地理解乔利的观点，让我们一起用图 2-4 中的财务数据做一个思维实验。选一个包含 100 家公司的普通行业，将行业中的这 100 家公司按投资回报率进行排名，投资回报率最高的公司排第 1 名，投资回报率最低的公司排第 100 名。假设一家公司从原来的第 75 名升至第 25 名，其投资回报率就会增加 10.8%。现在想象一下再将 100 个行业按利润率由高到低进行排名。你的公司从排名第 75 的行业退出，然后进入排名第 25 的行业，投资回报率只会增加 4.5%。[7] 也就是说，行业内的投资回报率增长空间是行业间投资回报率增长空间的 2 倍多。从投资回报率的角度来看，行业与行业之间是很相似的，但在行业内的公司之间却通常存在着巨大差异。

虽然对比这些投资回报率的指标很有意思，但这些数字不足以使我们能准确判断公司长期的业绩表现。为了研究一家公司是否能维持竞争优势，我选出了 2009 年业绩表现最好的公司，也就是图 2-1 中显示的标普 500 公司中位列前 1/3 的公司，并对它们历年的财务业绩进行了追踪（图 2-5）。

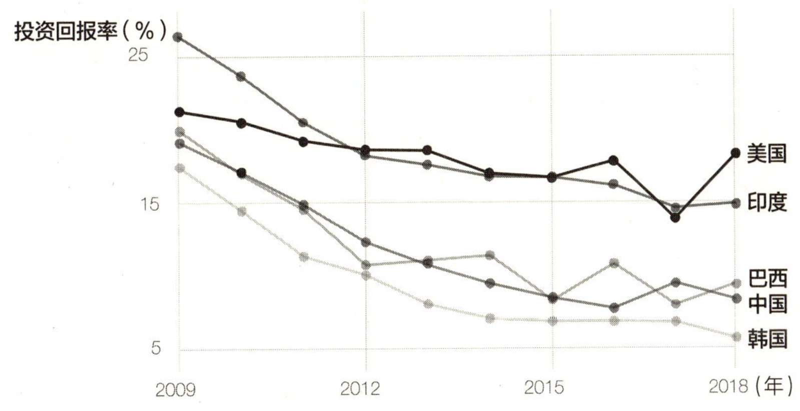

图 2-5　2009—2018 年标普 500 公司中排在前 1/3 位置的公司的投资回报率

即使是明星企业，竞争优势也会转瞬即逝

这些明星企业的长期表现可谓是喜忧参半。喜的是最成功的公司持续领跑于竞争对手，其中微软就是一个典型的例子。在个人电脑出现很长时间之后，微软仍然能创造高于行业平均水平的业绩。不仅如此，在过去的20年里，微软每年都名列美国最有价值公司的前10位。到2020年，投资者对微软公司的估值超过了1万亿美元。让人感到担忧的是，如图2-5中所示，时间对明星公司（包括微软）并不友好。这些公司的投资回报率每年都在下滑。

当我与企业高管讨论这些数字时，他们并不感到惊讶。很多人相信在当今的环境下维持竞争优势的难度要比过去大得多。有些人甚至争辩说在我们所处的这种竞争异常激烈的经济环境下，长期规划几乎没有意义。他们认为在过去稳定的环境下，战略是有用的。然而在今天，假如你认为能一直成功地预测用户的需求、技术变革及竞争对手的策略，就太天真了。在竞争异常激烈的环境中，公司高管不得不采取激进的短期手段，这样做的结果是，即使你足够幸运获得了竞争优势，也只是转瞬即逝的优势！[8]

毫无疑问，这种竞争愈加激烈的感觉的确是真实的。然而竞争真的越来越激烈了吗？我们可以通过对比不同时期财务业绩下滑的速度来验证这一观点。图2-5中显示的下滑曲线比之前几十年的下滑曲线更陡吗？并非如此。从投资回报率的变化中我并没有看到竞争异常激烈的迹象。处于领先地位的公司的业绩随着时间的流逝而下滑，然而今天的下滑趋势并不比历史上任何一个时期更严重。一些更成熟的研究也得出了同样的结论。研究高速市场的格里·麦克纳马拉（Gerry McNamara）教授及其同事保

罗・瓦勒（Paul Vaaler）和辛西娅・德弗斯（Cynthia Devers）得出的结论是："管理者今天所面对的市场并不比以往更多变，而在市场中获取和维持竞争优势的机会的难度也并不比以往更大。"[9]

简单的战略

5 个机会，不断提升自己的业绩表现

在面对财务业绩呈现出的规律时，我希望你能和我一样抱有乐观的心态。几乎每家公司都能够显著提升自己的业绩。以下是我根据相关数据形成的观点：

- 无论在世界经济的哪个角落，我们都能轻而易举地找到在业绩上远超竞争对手的企业。
- 即使我们考虑到商业周期和国家环境的因素，在同行业的公司之间依然存在巨大的利润差异。如果处于领先地位的公司在财务上的成功能多少起到一些指引作用，几乎每家公司都能做得更好。
- 即使是细微的调整也能对财务业绩产生巨大影响。如果在 100 家公司中排名第 50 位的美国公司升至第 40 位，其投资回报率会上升 21%。
- 行业内的业绩提升潜力往往要大于通过进入新行业所获得的业绩提升潜力。在机会的海洋里，最具吸引力的商机其实就在家门口。
- 没有证据显示在当今社会中维持长期卓越的财务业绩要比以往其他时期更困难。

这些财务业绩上的差异到底从何而来？我们要怎么做才能提升公司的业绩排名？在接下来的章节中，我们将通过一个简单的框架来引导决策。

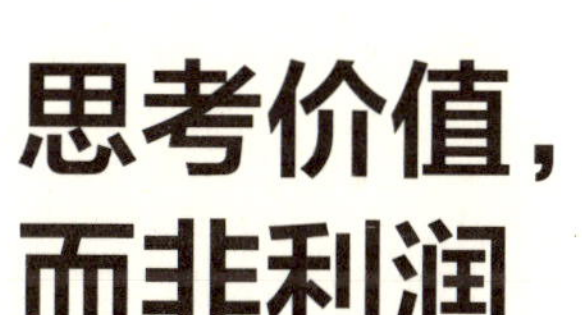

03 思考价值，而非利润

如果我们要观察价值创造，没有比苹果专卖店门口更合适的地方了。看看那些手里拿着包装精美的设备走出商店的顾客们。他们虽然为超凡的设计支付了高昂的价格，但看看他们脸上的神情，无不流露着骄傲和期待！在线上，在 Facebook 或 Instagram 上，我们都能看到价值创造的例子。看看你的朋友们在收到梦寐以求的工作录用通知或获得晋升后发布的照片或视频，你会再次看到幸福的神情。

苹果公司通过提升顾客的支付意愿在价值棒的顶部参与竞争。那些可提供极具吸引力的工作岗位的公司则是通过降低销售意愿来创造价值的。图 3-1 展示了价值创造的模式。

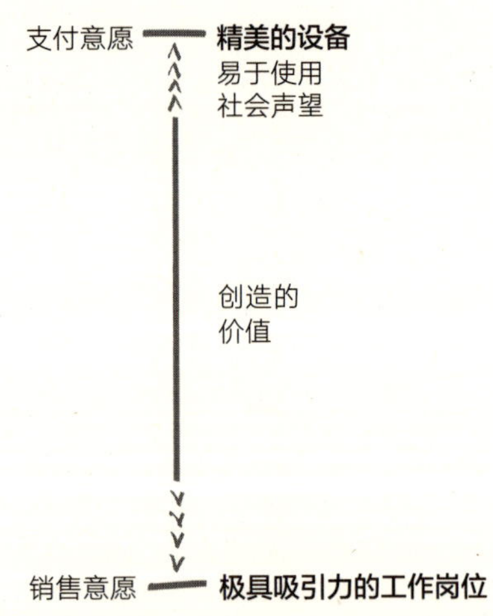

图 3-1　价值创造的模式：提升支付意愿或降低销售意愿

我们可以把支付意愿和销售意愿看成两个“离开”的临界点。支付意愿是一位用户愿意为某件产品支付的最高价格。如果你多要一分钱，那么对于这位用户来说，终止交易会是更好的选择。正如我们在苹果公司的例子中所看到的，影响支付意愿的因素有很多，包括产品的属性、质量，以及一件产品给予购买者的优越感。在价值棒的底部，员工的销售意愿是其为完成某项工作所愿意接受的最低薪酬。如果你给出的薪酬低于这个销售意愿，员工将离开工作岗位。与支付意愿一样，影响销售意愿的因素也有很多，包括工作性质、工作强度、职业发展、社会因素，以及其他工作机会的吸引力。

从捕获价值到创造价值

公司通过提升支付意愿和降低销售意愿来创造价值，并通过定价和薪酬待遇捕获价值。一家企业所创造的整体价值可被切分为 3 个部分（图 3-2）。

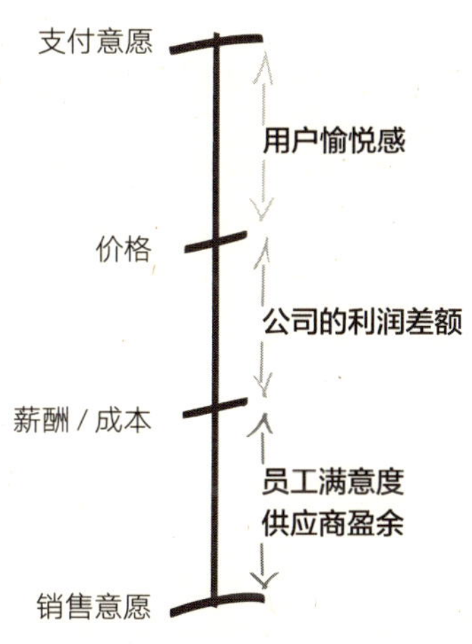

图 3-2　企业整体价值的组成部分

第一部分价值是支付意愿与价格之间的差，即企业为用户创造的价值。苹果公司的产品也许很昂贵，但是用户对设备的欣赏度更高。我们在苹果专卖店所看到的那些幸福的面孔反映的就是支付意愿超出价格的程度。在基于价值的思维里，价格不是决定支付意愿的因素。我们时常把价格和支付意愿混为一谈，然而区分这两个概念对于我们来说会有很大的帮助。

第二部分价值位于价值棒的底部，即员工的薪酬和员工的销售意愿之差，是员工在工作中所获得的满足感。这个概念非常简单。如果薪酬待遇刚好与销售意愿相等，那么这名员工在这份工作和下一个最佳机会（也许是另外一份工作，也许是休闲活动）之间会保持中立态度。如果公司支付的薪酬待遇高于销售意愿，员工的满意度就会提升。相似的逻辑也同样适用于供应商。供应商所获得的价值是公司付给它们的款项（公司的成本）和供应商销售意愿之间的差额。换个角度想，供应商所获得的价值就是其在交易中所获得的盈余。例如，一家供应商也许希望至少拿到 25% 的差额。这个差额决定了其销售意愿，也就是它愿意接受的最低价格。如果公司最终支付的价格更高，供应商则会获得盈余。

第三部分价值，即价格与成本之间的差额，是属于公司的价值。回想一下我们在第 2 章中讨论过的企业在盈利能力上的巨大差异。如果要探究为什么有的公司的利润率会远超其他公司，一个很好的研究起点就是价值棒的中间区域，也就是公司所获得的利润差额，据此我们可以看一下为什么有些公司的价值棒的该区域很窄，而有些公司的则很宽。

价值棒描述的对象是某件产品、某位用户、员工或供应商。对于苹果设备来说，喜欢时尚感设计和易用性的用户会有更高的支付意愿。对于这一用户群体来说，苹果公司有着独特的优势：苹果公司可以在索取高昂价格的同时为用户创造无比的愉悦感。对于供应商来说，苹果公司同样享有优势，如购物中心给苹果公司的特殊待遇。一般来说购物中心的租金为每平方英尺（约为 0.09 平方米）销售额的 15%，然而苹果公司的租金只有不到 2%。

为什么购物中心如此优待苹果公司？购物中心在与苹果公司打交道时销售意愿尤其低，这是因为苹果专卖店的存在能够为购物中心的其他门店增加大约 10% 的客流量。图 3-3 展示了苹果专卖店与其他公司专卖店的支付意愿和销售意愿对比情况。[1] 因此，当有了更多的客流量时，购物中心便可以将其他租户的租金上涨到销售额的 15% 左右。

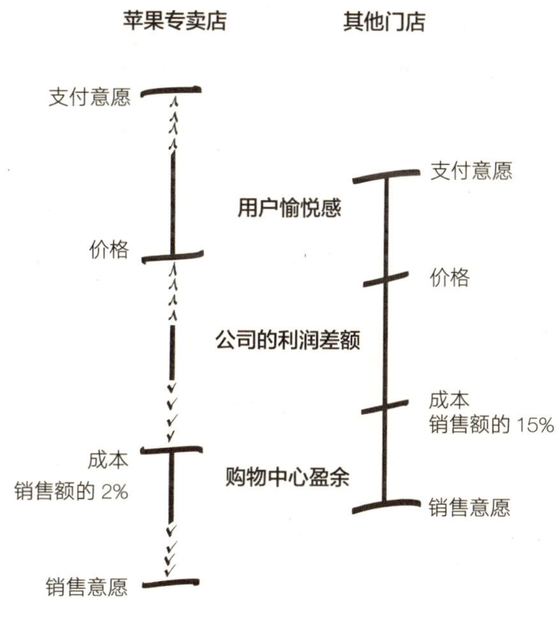

图 3-3　苹果专卖店与其他公司专卖店的对比

价值棒使我们看到，公司创造价值的手段只有两种：提升支付意愿、降低销售意愿。每一项战略举措都应该依据这两个标准来评估。除非某项举措能够提升支付意愿或降低销售意愿，否则它将无法改善企业的竞争地位。当我去各家公司考察时，总会被眼前忙碌的景象所震撼。然而与此同时，我并不确定它们所忙碌的事情是否真的能提升支付意愿或降低销售意愿。如果你的公司不堪重负，如果你感到严重透支，这就是你减负的时机。除非某项举措确实能提升支付意愿或降低销售意愿，否则它就不值得推行。

你的用户越愉悦，你的竞争力就越强

当公司创造了巨大的价值时，它又该如何捕获其中的一部分呢？这不是一个反问句。没有人能否定美国保险公司创造了显著的价值。然而，正如我们在第 2 章中所看到的，保险公司并没有留下多少价值，大部分都流向了顾客。若想弄清楚公司能够捕获多少价值，我们要思考不同的竞争力量。

假设你要订一张波士顿至洛杉矶的机票以及一张返程机票，而亿客行（Expedia）为你提供了多种选择。3 个价格最低的航班分别由美国航空公司、阿拉斯加航空公司和达美航空公司执飞。它们的价位很接近，竞争很激烈，其中达美航空公司稍便宜（图 3-4）。亿客行给 3 个航班的打分都是 8.5 分（满分 10 分），这表明这 3 个航班所提供的旅行体验很相似。那么你会如何选择呢？

我相信你的决定将在很大程度上取决于价格。为什么？很简单，因为没有其他的可比较因素。3 个价值棒越相似，乘客越倾向于关注价格。其实，这 3 个航班的定价如此接近并非偶然。由于缺少实质性的差异，这 3 家航空公司只能在价格上竞争。

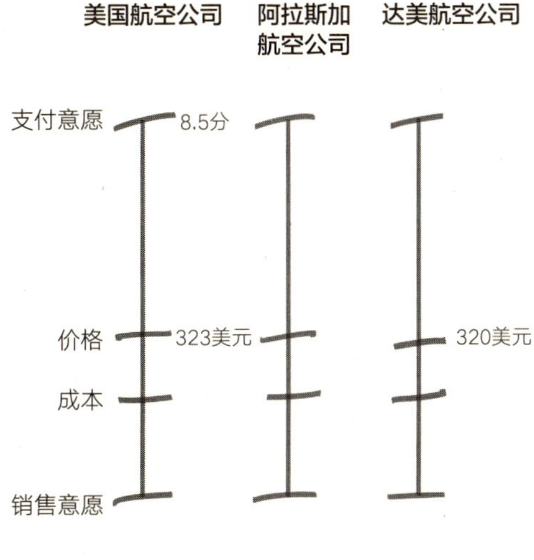

图 3-4　三家航空公司间的竞争

我有时会遇到一些商业人士抱怨他们的顾客对价格的敏感性。然而价格敏感性的上升只能说明一家公司的竞争地位。如果一家公司的价值棒与其他公司的价值棒十分相似，你觉得顾客会怎么选择？他们自然会专注于价格，这会对公司的利润率造成压力，进而降低公司捕获由自己创造的价值的能力。

相反，能够创造出无与伦比的价值的公司，拥有着更强的索要溢价的能力。亿客行给由捷蓝航空公司执飞的最便宜的波士顿至洛杉矶的航班打出了 8.7 分。不出所料，这趟航班的定价也更高（411 美元），此时乘客对飞行体验自然会有更高的期待。

顾客会不会选择捷蓝航空公司？答案并不明显。如果捷蓝航空公司能提供无与伦比的愉悦感，顾客便会蜂拥而至。然而如果美国航空公司的顾客的支付意愿与其定价 323 美元之间的差异（美国航空公司为顾客提供的愉悦感）要大于捷蓝航空公司的顾客的支付意愿与其定价 411 美元之间的差异（捷蓝航空公司为顾客提供的愉悦感），那么美国航空公司则会占据更好的竞争地位。公司通过为顾客提供愉悦感来参与竞争。很多公司力求做到最好，但是仅仅是更好的质量和更高的支付意愿并不能确保成功。关键在于支付意愿与价格之间的差异，即用户愉悦感之间的差异（图 3-5）。

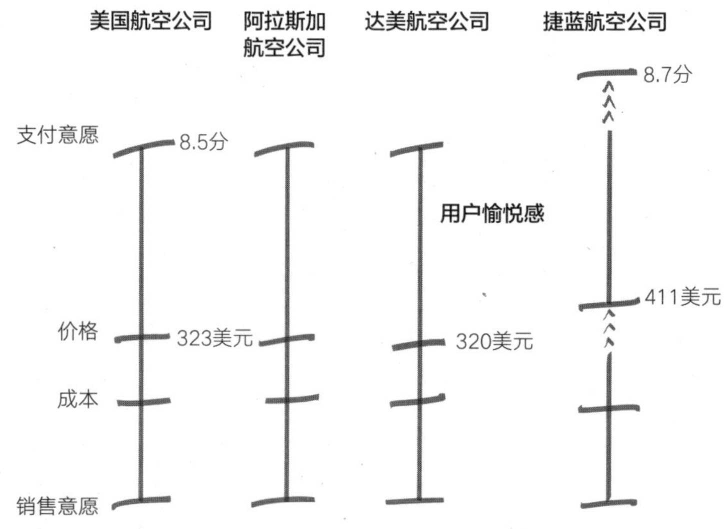

图 3-5　支付意愿的差异和用户愉悦感的差异

没有差异化，商业奇才也无法创造卓越

正如我们看到的那样，捕获价值的能力取决于价值创造的差异化。在追求卓越业绩的过程中，很多高管都会扪心自问要怎么做才能提高公司的投资回报率。这从一开始就是个错误的问题。提高财务业绩的历程始于创造具有差异化的价值，价值有了，利润自然会如影随形。如果无法创造具

有差异化的价值，任何商业奇才都无法创造卓越的业绩。两个价值棒的相似度越高，基于价格的竞争压力就越大。

你肯定能从过去的经验中获知，形成差异化思维并非易事。2018 年年底，共享出行公司来福车（Lyft）宣布将为到投票站投票的选民提供往返车程的车费折扣。对此，它的竞争对手优步是如何回应的呢？没错，优步完全复制了来福车的做法。[2] 这类模仿会产生两个影响。它的确为模仿者创造了价值，优步高层坚信车费折扣是一项有效的市场营销策略。然而与此同时，模仿也降低了公司捕获价值的能力，因为公司之间的相似性会对价格带来下行压力。

简单的战略

三大差异化，使你获得超过资本的价值

每当我询问那些在公司里运用基于价值的战略的高管，这类思维在哪些方面给予他们的帮助最大时，这些高管通常会提到以下几点：

- **我们生活在一个复杂的世界里，基于价值的战略能让我们看到创造价值的方法。**创造价值只有两个杠杆：支付意愿和销售意愿。
- **在竞争中，更丰厚的利润差额及更好的利润率反映的是公司创造更好的用户愉悦感、更高的员工满意度及更多的供应商盈余的能力。**在捕获价值之前，首先要创造价值。
- **战略家通常是从差异化的角度思考问题的。**即使有很好的产品质量和优越的工作环境，如果能够轻易被竞争对手效仿，也同样难以维持长期的竞争优势。

这里有一个深刻的问题：如果你的公司将于明天消失，谁会怀念它？也许是因为你的产品或服务而获得了无与伦比的愉悦感的用户？也许是公司里享受工作的员工？也许是与你的公司保持着良好关系的供应商？一定要有人怀念你的公司才行。如果没人怀念你的公司，如果你的价值棒和其他公司的价值棒都一样，那么这说明你的公司没有发挥任何作用。不仅如此，如果没有显著的差异化，你的公司也很难获得超过资本成本的回报。

Better, Simpler Strategy

第二部分

为用户创造价值，就是为你创造价值

创造更大的用户价值，
你需要：更具吸引力的
产品、互补品以及
网络效应。

Better,
Simpler Strategy

04 让用户鼓掌欢呼的产品才是好产品

魔方、降胆固醇药物立普妥（Lipitor）、任天堂的 Switch 游戏机、《超级马里奥兄弟》、丰田卡罗拉汽车，以及 Lady Gaga 的名气（Fame）香水有什么共同特征？答案是它们都在面世后便被一抢而空。魔方在面世后两年内卖出了 200 万块。任天堂的 Switch 游戏机仅在一周内便售出 130 万台。在各自的产品种类里，它们都是爆款。

这些产品和服务都有一条共同的主线，那就是其创造者都找到了能显著提升用户支付意愿的方式。立普妥是历史上销量最高的处方药之一，虽然它不是第一款能降低低密度脂蛋白也就是“坏胆固醇”的他汀类药物，但远比它的竞争对手更有效。立普妥的发明者布鲁斯·D. 罗思（Bruce D. Roth）解释道：“（立普妥）远超其他他汀类药物，简直让人难以置信。立普妥使用最小剂量时的药效与其他药物最大剂量的药效相当。”[1] 同样，当年把《超级马里奥兄弟》带到全世界玩家面前的任天堂设计师宫本茂（Shigeru Miyamoto），成功改变了电子游戏体验。宫本茂本人并不是程序员，他在创造出《超级马里奥兄弟》前就已小有名气，而《超级马里奥兄弟》更是让他声名鹊起。[2]《经济学人》杂志对《超级马里奥兄弟》不吝溢美之词：“游戏发生在清澈的蓝天下，那个时候大部分的游戏背景还只是空荡荡的黑色。马里奥吃魔法蘑菇就能变大，或者变成‘超级马里奥’通过绿色的管道自由穿梭。《超级马里奥兄弟》为我们带来的是一个崭新的世界，这里有蘑菇叛徒（酷栗宝）、乌龟士兵（慢慢龟）及食人花（食人鱼植物）。四处都有隐藏的玄机和关卡。这是一款前所未见的游戏。”[3]

通过这些例子我们发现，可以通过无数种方法来提升产品或服务的支付意愿。支付意愿就像是一个完全开放的建筑。产品的性能，以及它们带给消费者的愉悦感和它们赋予消费者的身份价值，甚至是一些与产品特征毫无关系的社会考量，都会对支付意愿产生影响。Lady Gaga 的名气香水这一产品本身的确有它的新奇之处，如其黑色的液体在喷出后会变成无色的，然而我们应该可以有把握地假设，这款香水的成功与创造它的这位明星不无关系。该产品的承诺，用其创造者 Gaga 自己的话说就是，喷上她的香水会让你“有一种我在你皮肤上的感觉”。[4]（这个例子也再次说明了不同用户群体的支付意愿有多么不同，毕竟并不是所有人都渴望感受 Gaga 在自己皮肤上的感觉。）

当然，这些提升支付意愿的方法你应该早就知道。开发可以满足用户需求的产品和服务是基本常识。事实上，我还真不知道有哪家公司没有表明自己是以用户为中心，为满足用户的需求而存在的。那么这又有什么新奇之处呢？提升用户的支付意愿，为用户创造愉悦感，不就是要考虑如何为用户提供绝妙的产品和服务吗？

专注于产品与专注于支付意愿之间的差异很小，但很重要。以产品为中心的经理会问：“怎样才能卖出更多的产品？”而真正关心支付意愿的经理希望看到的是自己的用户能鼓掌欢呼。即使用户已经决定购买，他依然会继续寻找各种能改善用户体验的方式。以产品为中心的经理会深刻理解购买决定并尝试通过各种方式说服用户。然而关心支付意愿的经理考虑的是整个客户旅程，并寻找在每一步都能为用户创造价值的机会（图 4-1）。

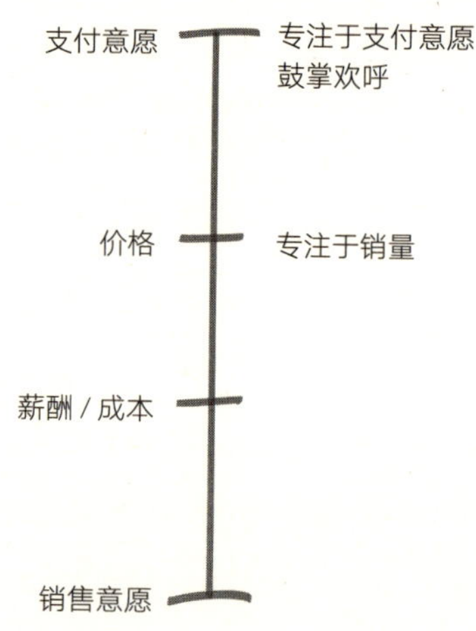

图 4-1　很多公司对销量的重视程度要大于对用户支付意愿的重视程度

几年前我与一位销售人员间的互动可以很好地体现这一差异。原本我打算在朋友生日那天送花给她。结果我却把这件事忘得一干二净，直到几天之后才想起来。于是我打电话到一家花店订花。当时已经接近傍晚时分，花店的销售人员问我需要当天将花送到还是第二天送到。我便告诉她这已经是一份迟到的生日礼物了，因此请她务必尽快把花送到指定地点。她的回应让我十分惊讶："您需要我们告诉您的朋友，是由于我们的失误而导致她在生日时没有收到鲜花吗？"我当然不会让她为我撒谎，但短短的几句话让我看出这位销售人员并不认为她的工作仅仅是卖花，她没有被以产品为中心的思维所束缚。她的工作是要提升顾客的支付意愿。（顺便说一下，故事的结局毫无悬念。现在每年朋友生日的前夕我都会收到这家花店的提醒，我也自然会在那里订花，也许花的价格会比别的花店贵一些，但自此之后我就再也没有考虑过其他花店。）

专注于支付意愿的公司能享受到长期的竞争优势，原因有三个。一是我们信任那些把我们的最佳利益放在心上的公司。二是这些公司往往更擅长识别创造价值的机会，也更懂得不同用户群体（和中间方）的需求。它们会注意到，提升一部分用户的支付意愿也许会降低其他用户的支付意愿。三是能大幅度提升支付意愿的公司可以从用户的选择效应中获利。接下来让我依次举例说明。

把用户的最佳利益放在心上

约翰·C. 博格（John C. Bogle）在“满怀热情地”被前雇主威灵顿管理公司开除之后，创立了当今世界上最大的投资公司之一——美国先锋领航集团。投资业是个充满了利益冲突的行业，根据美国政府的估算，每年由经纪人为拿到佣金而给出欺骗性建议所造成的经济损失高达 170 亿美元。然而就是在这样的行业里，博格（和先锋领航集团）被人们称为“共同基金投资者最好的朋友”。[5]“我们那时面临的挑战，”博格回忆说“是要建立一种崭新的、更好的方式来运作共同基金，并且要让我们的用户直接从中受益。”[6] 在他的领导下，先锋领航集团推出了免佣金基金，为个人投资者提供了低成本指数投资，这远远早于被动投资的兴起。起初被嘲讽为“不美国”“注定走向平庸”的被动型基金现在几乎占美国共同基金及交易所交易产品总股权资产的 45%。[7]

在博格的职业生涯中，直言不讳的他曾批评投资业的高昂价格、误导性的广告行为，以及几乎无法为投资者创造任何价值的产品扩增。在他于 2010 年出版的《博格长赢投资之道》(*Enough: True Measures of Money, Business, and Life*）一书中，博格这样总结先锋领航集团的目标及他个人的愿景："我一直在抗争的是能让普通老百姓或投资者都能得到公平的待遇，这一抗争是正确的。从数学的角度看是正确的，从哲学的角度看是正确的，从伦理的角度看也是正确的。"对于博格来说，用户的支付意愿和愉悦感永远是第一位的。也正是这一原则让他在一个竞争如此激烈的行业里建立起了最成功且最广受赞誉的公司之一。他的用户一直相信，博格会把他们的最佳利益放在心上。

学会发现创造新奇价值的机会

21 世纪初，电子阅读器是炙手可热的消费类电子产品，它于 2004 年面世，10 年后 1/3 的美国人都有一部电子阅读器。[8] 一个价值 10 亿美元的市场就此诞生了。当时消费类电子产品领域的领军者索尼推出了第一部电子阅读器 Librie，也同样是索尼率先采用了电子墨水技术并制定了行业标准。电子墨水的显色基础单位是含有黑白颜料的微胶囊，胶囊中的黑白粒子分别在刺激下上浮或下沉，形成不同的文字和画面。Librie 阅读器为其受众提供了一种无与伦比的电子阅读体验。[9]

价值战略法则

Better, Simpler Strategy

无线网络，亚马逊阅读器的逆袭

随后，亚马逊也迅速进入了这个快速发展的市场，但其前景似乎是有限的。索尼有最领先的技术和率先进入市场的优势，还有相当于竞争对手 2 倍的市场营销预算。[10] 然而就是在这种情况下，亚马逊巧妙地击败了索尼。到 2012 年，于 2007 年进入该市场的亚马逊

Kindle 阅读器，占据了 62% 的市场份额。索尼电子阅读器仅拿到了少得可怜的 2% 的市场份额。[11] 到底是什么让亚马逊得以成功逆袭？那就是无线网络连接。索尼阅读器的用户需要把电子书先下载到个人电脑上（售卖电子书的线上书店难以浏览且可供选择的书目有限），然后再把购买的电子书传送到阅读器上。当索尼对设备进行升级使其支持 PDF 和 ePub 文件后，用户必须把阅读器拿到索尼的服务中心进行固件升级。[12] 而另一边的亚马逊阅读器向购客提供了免费的 3G 互联网连接，联网后的阅读器把买书变成了一种冲动消费。当 Kindle 刚被推出时，不到 5 小时便已售罄。[13]

像索尼这种以产品为中心的公司，高度重视其产品的质量。索尼创造了美妙的阅读体验，它知道这是用户在购买新奇设备时会考量的重要因素。而与之相对应的亚马逊则专注于支付意愿。有了这种更广泛的认知，索尼和亚马逊在整个用户旅程中都在为用户提供便利。当索尼终于想明白开始推出无线网络服务时，为时已晚，市场已经倒向了亚马逊这边。

一旦你开始从支付意愿的角度思考问题，创造用户愉悦感的新机会便会不断涌现，而且你曾认为“显而易见”的决策会变得不那么肯定了。例如，你会把地铁售票机放在地铁站的哪个位置？在地铁站入口，还是站台上？答案似乎是不言而喻的。售票机肯定不能放在站台上，因为用户需要

先买票才能进站。没错！但是，你也许会想，如果我们在两处各放置一台售票机是否能为用户带来更好的体验？如果你观察入站口排队买票或者给地铁卡充值的人群，就会看到一片忙乱的画面，乘客焦急不堪地排着长队，都希望能尽快买到票以免错过地铁。而等他们到了站台上，又会有条不紊地等待下一趟地铁的到来。如果我们把一台售票机放在站台上，可以增加多少价值？用户是否会因为能有效地利用他们在站台上的等待时间而感到高兴？通过使乘客可以更悠闲地给地铁卡充值，我们是否能够提升乘客的支付意愿？不知不觉中，原本你觉得“显而易见”的售票机放置问题变得不那么清晰了。在整个用户旅程中紧密关注用户的支付意愿，能让我们看到提升用户愉悦感的多种方式。与创造愉悦的客户体验的追求相比，只寻求刺激用户的购买欲和促进销售（通过把售票机放在入站口）的视野就狭窄得多了。

识别用户与中介者的真实需求

美国 Bigbelly 公司生产了一种太阳能垃圾桶（图 4-2）。这款垃圾桶会对垃圾进行自动压实，并在垃圾量满时自动发送信息给清洁人员。Bigbelly 公司预计，这种垃圾桶可以减少 80% 的垃圾收集工作量，并且可以节省人员投入时间及垃圾收集车的行驶成本。这款垃圾桶还有望消除垃圾溢出的风险。2003 年，当 Bigbelly 垃圾桶进入市场时，各城市争相订购。仅费城一座城市就订购了近 1 000 个。

然而这款垃圾桶在投入使用之后很快就暴露出了一个几乎致命的缺点。网上的评价非常尖锐。一位有礼貌的用户评价道：“这款 Bigbelly 垃圾桶很快就变得比普通垃圾桶还要恶心。你需要触摸把手才能把垃圾桶打开。一想到通过这个肮脏的把手传播的细菌，我就不寒而栗。我简直想不出比这款垃圾桶更加不卫生的室外垃圾桶设计了。”[14] 另一位用户说：“我太太只有在手上有纸巾垫着的时候才会去打开垃圾桶，这样就不用触摸垃圾桶把手了。我观察到很多其他人也是这么做的。有的时候人们直接把垃圾放在垃圾桶的上面，我想这应该是因为他们都不想碰垃圾桶。我也不怪这些人，现在有的垃圾桶看着真的很脏。”[15]

图 4-2　Bigbelly 原始型号垃圾压实桶

注：Bigbelly 公司提供，已获得使用授权。

Bigbelly 为一部分用户，即环卫部门提供了近乎完美的解决方案，然而却没有考虑到另一部分用户——真正会使用这些垃圾桶的人。看到民众对这款垃圾压实桶的负面反馈，费城市政府请 Bigbelly 公司免费更换了 1/4 的垃圾桶并进行产品改良设计。[16] 所幸 Bigbelly 公司找到了简单却有效的解决方案：增加垃圾桶脚踏，为习惯使用传统垃圾桶的用户提供了免触摸体验（图 4-3）。

图 4-3　Bigbelly 新款带脚踏型号垃圾压实桶

注：Bigbelly 公司提供，已获得使用授权。

我们习惯把付钱给我们的组织和个人视为用户，这是很正常的。因此，Bigbelly 公司注重环卫部门、保险公司注重保险经纪、消费品组织与超级市场紧密合作。在每一个例子中，终端用户都被忽略了。如果一家公司的唯一重心是销量及付钱给它们的实体，那么就会很容易忽略终端用户。相反，如果一家公司拥有更加广阔的视野，同时看到中间用户和终端用户的支付意愿，那么它们通常便能占据竞争优势。

实际上，如果管理者都能着眼于支付意愿，就不会有接下来我要给你讲的这个故事了。1997 年，两个聪明却缺乏经验的研究生来到 Excite 公司，该公司曾经做过一款很受欢迎的搜索引擎。[17] 这两位学生与 Excite 公司的首席执行官乔治·贝尔（George Bell）会面，并希望将自己开发的搜索引擎以 160 万美元的价格卖给 Excite 公司。这个搜索引擎看起来不过是一个不起眼的软件，两人将它命名为 Backrub。为了展示 Backrub 的优越性，这两位学生用两个搜索引擎分别搜索“互联网”。Excite 公司的搜索引擎显示了有“互联网”字样的中文网页，而 Backrub 精准地显示出了用户可能感兴趣的链接。

贝尔有为这样的结果感到兴奋吗？完全没有。在他看来，Backrub 的搜索结果过于精准了！ Excite 公司的商业模式是靠广告盈利的。因此，用户在 Excite 网站上花的时间越长、访问的次数越多，公司赚的钱就越多。在贝尔看来，提供精准的搜索结果从而快速把用户转到其他网站是非常糟糕的做法。贝尔解释说，为了提高营收，他希望 Excite 公司搜索引擎的准确率为其他搜索引擎的 80%。就这样，Backrub 的交易并没有发生。你肯定已经猜到了，这两位学生就是谢尔盖·布林（Sergey Brin）和拉里·佩奇（Larry Page），他们是谷歌的创始人。想象一下，如果你当年用那点小钱买下现在市值已达一万亿美元的谷歌，会是一种怎样的心情。

商业模式反映了公司捕获价值的方式。然而如果没有价值的创造，何来价值捕获？更糟糕的是，这种对商业模式的痴迷甚至会阻碍价值的创造，正如我们在谷歌的故事中所看到的那样。从 20 世纪 Phoebus cartel 故意限制白炽灯灯泡的寿命，到今天的打印机墨盒通过智能芯片当某一颜色的墨水低于特定水位时停止任何其他颜色墨水的打印，历史给我们提供了无数的案例，使我们可以看清楚企业是如何为了捕获价值而牺牲创造价值的机会的。让我们感到欣慰的是，历史并没有善待采用这类战略的公司。有谁还记得 Excite 这家公司吗？

在用户选择效应中大幅受益

专注于支付意愿的企业能获得好业绩的另一个原因是它们可以为“正确”的顾客服务。根据提升支付意愿的方式，你的产品对于某些顾客群体来说会特别有吸引力。例如南非人寿保险和健康险公司 Discovery，它一直致力于改善顾客的健康状况。[18] Discovery 的标志性项目“活力健康险计划”（Vitality）为会员提供了优先进入健身中心的福利，同时还为会员提供了可穿戴设备来追踪运动量并为其积分。它甚至还与超市合作，为会员提供更健康的食品。有着几百万会员的 Discovery，号称是“世界上最大的行为改变平台”。Discovery 的创始人兼首席执行官阿德里安・戈尔（Adrian Gore）解释道：“这其中的美妙之处在于它所创造出的共享价值。我们的顾客得到了改善健康状况的激励，而公司也看到了更好的保险统计数字和利润率。”[19] 选择效应对于 Discovery 的成功起到了至关重要的作用。公司提升了有健康意识的顾客的支付意愿。有了支付意愿上的优势，你就能够（通常以更低的成本）为你的价值主张所吸引的那部分顾客服务。

表面上看，由销售额驱动的产品导向型思维和专注于支付意愿的思维之间也许只有细微的差异。然而先锋领航集团、Kindle 阅读器、Bigbelly 垃圾桶，以及 Discovery 的案例却让我们看到，从用户支付意愿的角度看问题会给公司带来显著的优势。

认真对待价值创造能带来显著的战略影响。Kaspi.kz 是在哈萨克斯坦的处于领先地位的金融科技公司，它放弃了能给自己带来丰厚回报的信用卡业务，因为它们无法通过这个业务为用户创造显著的价值。Kaspi.kz 的总裁米哈伊尔・洛姆塔泽（Mikhail Lomtadze）解释道：“我那时给管理层的讲话内容都是我们需要用几个月才能赚 1 亿美元，最初是 18 个月，很快缩短为 12 个月，然后是 6 个月。这曾经就是我们的衡量指标。我一直在追求效率和利润，然而我们却沦落到了和大部分金融服务公司一样被顾客憎恨的境地。”[20] Kaspi.kz 放弃信用卡业务而转向了看似枯燥乏味的支付业务，这是当时哈萨克斯坦经济中的一个严重痛点。“在俄罗斯有一个关于一所大学的故事，”洛姆塔泽说，“在建这所大学时，他们先建好了校园里的所有建筑物，随后却并没有急着铺路，而是让人们按照自己的需求随意走。渐渐地，当人们走出一条小道的时候，他们才在这条小道上铺上水泥。这就是我们的思维方式。”在拥有核心支付业务的高盛的支持下，Kaspi.kz 逐渐建立起了一整套产品生态系统，现在其估值已超过数十亿美元。吸取了当初在信用卡业务中的教训之后，Kaspi.kz 理解了价值创造和价值捕获之间的差异，因此再也没有忽视用户的支付意愿。

留住“空椅子”，一切工作的最终服务对象都是用户

一个经济组织即便有着以支付意愿为中心的企业文化，也应该在内部设计一系列可以时常提醒员工的措施。这些措施就像冰箱上的便利贴。并不是说你不知道家里要买牛奶了，而是无论如何，冰箱上的这个小贴条总能起到一些提醒作用。在哈佛商学院，学校的使命几乎在每一周、每一次重要的会议上被提及。虽然对于我们来说学校的使命已经是耳熟能详的内容，然而每当它在会议上被提及，就像有魔法一般，对话立刻有了不一样的基调。

亚马逊有一整套广为人知的用以鼓励公司从支付意愿的角度思考问题的举措。在亚马逊的会议上总会有一把空椅子，它象征着用户意见，提醒着员工一切工作的最终服务对象是用户。[21] 在亚马逊的产品经理开发一个

新服务之前，他们首先要写一份内部的新闻稿，宣布推出这一尚不存在的新服务。[22] 我们一起来看一篇由亚马逊云服务首席执行官安迪·贾西（Andy Jassy），为亚马逊简单存储服务（Simple Storage Service，S3）写的一篇内部新闻稿。[23] 顺便说一下，这是贾西的第 31 版草稿。[24]

亚马逊云服务的启动

西雅图（美国商业资讯），2006 年 3 月 14 日：S3 可以为具有高扩展性、高可靠性、低延迟性的存储提供应用程序编程接口，且价格低廉。

亚马逊云服务今日宣布，“亚马逊 S3™”这个简单的存储服务会以低廉的价格为软件开发人员提供具有高扩展性、高可靠性、低延迟性的数据存储基础设施。用户今天便可以在官方网站上购买亚马逊 S3 存储服务。

亚马逊 S3 是为互联网提供的存储服务。它旨在降低开发人员使用网络规模计算的难度。亚马逊 S3 为用户提供了一个随时随地可用于存储和调取任意量数据的简单网络服务接口。它让每一位开发人员都能够享受到与亚马逊运作自己的全球网络所使用的同款数据存储基础设施，享受它具有的高扩展性、高可靠性、快速、低成本的产品优势。这一服务旨在将规模利益最大化，并将这些利益转嫁给开发人员。

亚马逊将这种做法称为“逆向工作法”，旨在鼓励员工先确定目标受众，然后再描述新服务的魅力所在。[25] 这种做法促使员工用用户能听得懂的语言介绍产品。曾在亚马逊担任总经理的伊恩·麦卡利斯特（Ian

McAllister）解释说："如果新闻稿里列出的产品特点在用户看来并没有什么趣味性或激动人心之处，那么也许这些产品特点的确没什么有趣之处，因此也不应该继续开发这些产品。但是产品经理应该反复修改新闻稿，直到他们能想出对于用户来说听着像优势的产品特点。修改新闻稿要比修改产品便宜得多（也快得多！）。"[26]

简单的战略

5 个价值捕获原则，不断提升用户的支付意愿

正如我们在这一章中所看到的那样，以支付意愿为战略核心的公司享有很多机会。提升支付意愿即提升用户愿意为你的产品所支付的最高价格，这一概念虽然简单，但因此而得到的机会却是巨大的。在你开始用价值棒和支付意愿来制定公司的战略时，请记住以下几点：

- **以销售额为核心的思维可能会让你错过提升用户支付意愿的机会。**在以产品为核心的公司里，只能通过增加交易量来盈利。然而懂得从支付意愿的角度思考问题的公司会找到更多创造价值的途径，也正因为这样，这些公司通常更成功。
- **痴迷于商业模式，将其作为捕获价值的方式是非常危险的，因为价值捕获是一场零和游戏：**从最开始，你就接受了自己的成功会让用户的利益受损。
- **相互依存是法则，不是例外。**支付意愿、价格、成本、销售意愿相互关联。当你提升支付意愿时，价值棒上的其他元素通常也会移动。苹果公司产品的支付意愿的确很高，但它为了提升支付意愿也会产生额外的成本。虽然支付意愿有着重要的战略引导价值，然而我们不能孤立地看待支付意愿。我们在第 3 章中讨论的内容非常重要：最终决定战略成功

的是用户愉悦感，而不仅仅是支付意愿。

- **领先并不意味着一定要赢。**由于公司是通过为用户创造愉悦感来参与竞争的，所以即使你的公司有最好的产品，是最受人喜爱的组织，也并不能保证一定会成功。有的公司即使产品只在中等水平，也能够找到不同寻常的为用户创造愉悦感的方式。丰田卡罗拉也在我介绍的爆款产品之列，它就是一个很好的例子。无论从哪方面看，于 1966 年面世的卡罗拉都很平庸。为了增加产品的魅力进而提升用户的支付意愿，卡罗拉的设计师古川龙雄（Tatsuo Hasegawa）为驾驶它的人提供了一系列卓越的设计：独立的斗式座椅、运动型地板式换挡杆，以及铝合金大灯外罩（图 4-4）。然而在 20 世纪 60 年代末期，没人会把卡罗拉放在有着高支付意愿的酷车之列。毕竟如果能开着庞蒂亚克邦纳维尔（Pontiac Bonneville）疾驰，谁还会去开卡罗拉呢？那么到底卡罗拉最后是如何在销售量上赶超邦纳维尔的？答案是用户愉悦感！造价 43.2 万日元（在 1966 年相当于 1 200 美元）的卡罗拉，其性价比是无与伦比的。卡罗拉于 20 世纪 60 年代末进入美国市场，简单性和可靠性使其迅速成了美国首次买车族和第二次购车的中产阶级的挚爱。[27] 丰田就这样建立起了自己在北美市场的桥头堡，这不是通过在支付意愿上战胜底特律的美国汽车公司，而是通过创造超凡的用户愉悦感完成的。

图 4-4　1966 年的丰田卡罗拉（左）与 1966 年的庞蒂亚克邦纳维尔

注：出自 Wikimedia Commons。

- **对于高管来说，用户愉悦感最具吸引力的地方是它具有高度的传染性。**巴西 Nubank 的首席执行官戴维·贝莱斯（David Vélez）对此深有体会。Nubank 是巴西的一家数字银行，每天的新增顾客数量超过 4 万人，其中 80% 来自现有顾客的推荐。“Nubank 在获取新顾客上没有花过 1 分钱。”贝莱斯说。[28] 当 Nubank 宣布将在 2020 年为墨西哥提供信用卡服务后，等候名单上的人数高达 3 万。Nubank 的秘诀是什么？“我们想让顾客疯狂地爱我们。”[29]

05 准用户，藏在光天化日下的秘密

对于尚未活跃在你的市场里的人你了解多少

21 世纪初，eBay 公司时任首席执行官梅格·惠特曼（Meg Whitman）对 eBay 在发展迅猛的中国市场的前景充满了期待："中国市场具有长期的发展潜力，我们希望尽一切努力维持第一的位置。再过 10 ～ 15 年，中国可能会是 eBay 在全球最大的市场。"[1] 惠特曼的热情不难理解。2002 年，eBay 为进入中国市场曾投资 3 000 万美元入股当地一家公司——易趣网。易趣网是中国的一家 C2C 公司，由哈佛商学院毕业生谭海音和邵亦波创立。一年之后，eBay 收购了易趣网并将其更名为 eBay 易趣。eBay 易趣的前景似乎一片光明，占据 85% 的市场份额，62% 的用户表示对公司的服务非常满意或满意。[2] 虽然网上购物在当时依然是新事物，但市场潜力不容小觑。《2004 年中国网民形态研究报告》显示，中国已拥有 9 000 多万互联网用户，其中近一半人在使用宽带网络。

随后，淘宝网进入市场。阿里巴巴集团旗下的淘宝网创立，当时它还只是一家小型初创公司。阿里巴巴是一家 B2B 公司，帮助中国的中小型企业在网上进行海外销售。因为担心 eBay 带来的竞争压力，孙彤宇等人创立了淘宝网。淘宝网进入市场后并没有马上获得市场认可，因为当时 eBay 的业绩表现超群，淘宝网与 eBay 争抢用户的胜算并不大。因此，淘宝网将目光投向了一个不同的用户群体：准用户。准用户是指那些喜欢网购的想法，但出于某些原因尚未真正尝试网购的消费者。

淘宝网接下来所做的一切都是针对这些准用户的。淘宝网借助第三方支付服务系统支付宝，保证买家只有在卖家将产品寄出后才需要付款给卖家，以打消用户的顾虑。阿里巴巴集团负责国际事务的副总裁波特·埃里斯曼（Porter Erisman）解释道："支付宝对淘宝网的发展起到了关键的作用。买家即使看到卖家有很高的评分，依然会对其缺乏信任，这是最大的挑战。支付宝消除了结算风险。付款机制本身并不重要。在中国进行支付是很容易的，然而银行无法解决结算风险的问题。这就是支付宝所起的作用。"[3]第二个关键功能是"阿里旺旺"，这是一款即时通信服务系统，能让买家直接与卖家对话，还可以讨价还价。淘宝网最初只是模仿 eBay 美国网站毫无新意的设计，但最终演变成了类似实体百货商店的布局设计，让用户可以在熟悉的环境中更自在地浏览商品。淘宝网还要求卖家用身份证进行实名注册，这又为买家提供了一层保障。与 eBay 把目标用户设定为精通技术的早期网购者不同，淘宝网的目标用户是尚未进入该市场的准用户。

事实证明，淘宝网的准用户群体的增长速度要远远高于 eBay 的用户群体。到 2007 年，eBay 的市场份额跌至 7%，淘宝网的市场份额达到 84%。eBay 在称霸市场的梦想破灭后，于 2006 年退出了中国市场。

为什么你的准用户不购买你的产品

我丝毫不怀疑公司对自己用户的熟悉度。每家成功的公司都是如此。互联网让公司能够紧密追踪用户的每一步，进而形成对他们的深入了解。你可能还十分了解竞争对手的用户。竞争情报能够让你对整个市场有更深入的了解，包括购买其他公司产品的潜在用户。但是对于现在尚未活跃在你的市场里的个人（或公司），你又有多少了解呢？他们是不是真的永远都不可能购买你的产品？你是不是只差一步就可以把他们转变成你的用户了呢（图 5-1）？

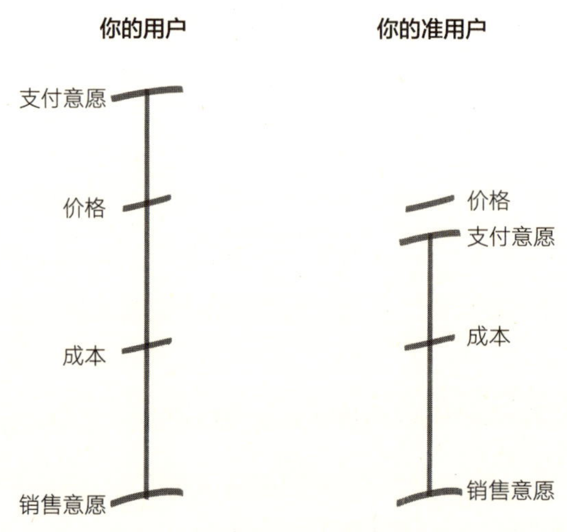

图 5-1　如何将准用户转化为用户

大部分经理都不怎么关注那些还未进入市场的消费者。在传统思维里，一旦潜在市场被定义，把时间浪费在不太可能实现的前景上是不明智的。但是我们在淘宝网的成功案例中看到，有时候吸引人的商机就藏在光天化日之下，就在我们经常忽视的准用户群体里。这些细分群体之所以在我们看来难以渗透，其中一个原因是错误的认知。回想我们之前讨论过的支付意愿和用户愉悦感，它们反映的是用户的看法和印象，而不是事实和数字。如果准用户持有错误的认知，那么想要看清他们对某种产品或服务的真正需求就非常困难。就拿人寿保险来说，在美国，很大一部分人是没有人寿保险的（图 5-2）。我们自然会觉得在这一领域中的用户与非用户的区分线应该与收入线一致。这虽然有一定的道理，然而真实原因却更复杂。[4]

即使在年收入超过 12.5 万美元的家庭中，也有 41% 的人没有购买人寿保险。错误的认知通常是根本原因。例如，44% 的千禧一代和 25% 的总人口认为一个健康的 30 岁投保人的保险费每年会超过 1 000 美元（实际费用为 160 美元）。40% 的千禧一代认为自己应该不符合投保标准。而事实上，年轻人很有可能符合投保标准。还有超过 50% 的人说他们不知道应该买哪一类保险，买多少保险。[5] 这类认知错误很容易引发恶性循环。如果准用户并没有表示出太大的兴趣，市场营销机制和销售人员就不会注意到他们，这样一来误解就会继续存在。事实上，很多对人寿保险缺乏认识的人都表示保险公司从来没有主动接触过自己。

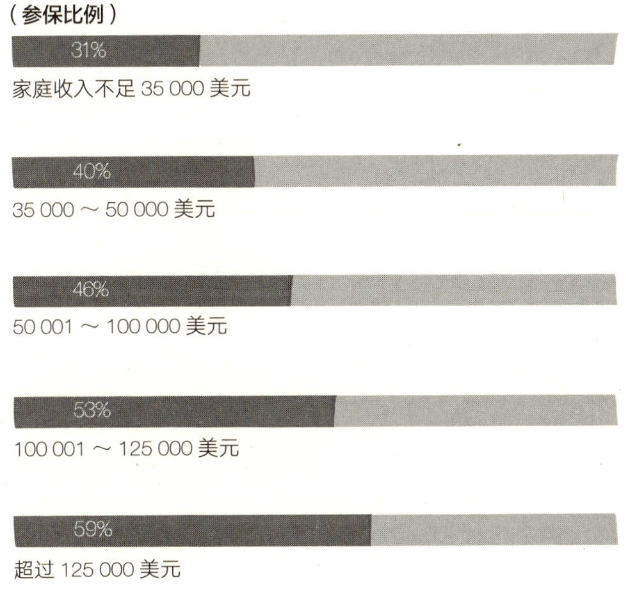

图 5-2　美国人寿保险市场渗透率

当然，并不是每一个尚未进入市场的用户都值得争取。我们可以对消费者按支付意愿进行排列，按照永远不会购买你的产品的用户到你最忠实的用户这样的顺序进行排列（图 5-3）。

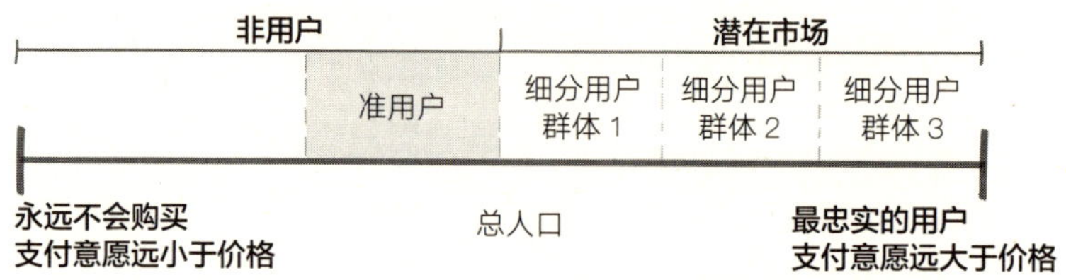

图 5-3　按支付意愿细分的消费者

准用户是指其支付意愿与购买产品的用户的支付意愿比较接近的消费者群体。理解这一群体的支付意愿的决定性因素可以让我们发现巨大的商机。这时我们要问的问题是，为什么这些准用户尚未进入你的产品所在的市场？他们是否对产品的价值有错误的认知？你应该如何调整策略以提升这一群体的支付意愿进而将他们转变为买家？

用户旅程往往能揭示准用户不购买某产品的原因（图 5-4）。例如，如果我们知道消费者在付款前放弃购物车里的商品的原因，就能够找到不同的提升支付意愿的方式。有时甚至是像自动填写邮寄地址这样一个小小的功能，都能影响购买行为。[6]

同时，图 5-4 也让我们看到了为准用户服务有时是复杂且昂贵的。例如，快速寄件及安全的信用卡信息储存机制，都不是轻易就能实现的。然而，如果我们因此就断定满足准用户的需求永远都是复杂且昂贵的也是错误的。以葡萄酒储藏柜市场为例，由一群葡萄酒爱好者于 1976 年创立的法国公司尤勒凯夫（EuroCave）在这一市场中占据着领先地位。尤勒凯夫有卓尔不凡的产品：有高精准感测器保证了完美的温度设置，有可以防止酒塞干燥的温度控制，还有相当于 2 米厚土地隔热效果的保温隔层。

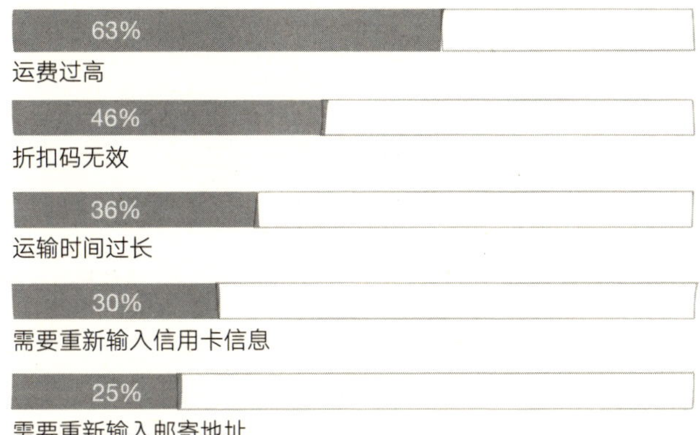

图 5-4 线上消费者放弃购物车内商品的主要原因

当一家名为海尔的中国家用电器生产厂家进入葡萄酒储藏柜市场时，相关专家和葡萄酒迷都对此持怀疑态度。海尔的产品能满足长期储存葡萄酒的严格要求吗？最初，它们的确无法满足。一位失望的顾客曾经评价说："在使用了海尔葡萄酒储藏柜 4 年后，我的葡萄酒藏品绝大部分变质了。原因？震动。在发现一瓶接一瓶的葡萄酒变质后，我开始调查其中的原因。最开始我以为是温度波动，或者是有色玻璃无法阻隔紫外线。但是最后我在做震动测试时找到了答案。储藏柜内部的震动非常严重。我因此损失了 60 多瓶上好的葡萄酒。不要和我犯同样的错误。"[7]

后续测试显示，尤勒凯夫酒柜的震动水平要比其他竞争对手的产品低 6 倍。然而让许多人惊讶的是，海尔的葡萄酒储藏柜后来却取得了巨大的成功。现在海尔在葡萄酒储藏柜和冷藏柜市场占据接近 20% 的市场份额。①到底是谁在购买有可能让价格不菲的藏酒变质的震动酒柜？

① 海尔生产了带有压缩机的储藏柜和运用热电制冷的小型酒柜。后者在满足长期储存葡萄酒所需要的低温方面甚至有更大的局限性。

事后再看，答案很简单。海尔的产品吸引的是那些会在短时间内把葡萄酒喝掉的用户。尤勒凯夫的酒柜对于葡萄酒收藏者来说是不二之选，然而它所提供的（昂贵）性能特点对于普通消费者来说却并没有什么价值。甚至在人均葡萄酒储存量高达 68 瓶的法国，40% 的储存酒也会在短时间内被饮用。[8] 在存酒习惯并不普遍的其他国家，准用户群体中隐藏的商机更大。虽然直觉通常告诉我们，要想赢得用户就要为用户提供更多的产品性能，然而海尔（以及很多其他公司）却是以更少的产品性能赢得了用户的青睐。

简单的战略

4 个问题锚定，帮你找到自己的精准用户

当我们寻求准用户中的商业机会时，要思考以下几个问题：

- **你是否深刻理解为什么有的人不购买你的产品或服务？**准用户可以为我们带来巨大的商业机会，然而他们很容易被忽视，因为潜在市场分析及现有市场策略通常不提供这一群体的信息。
- **是不是固化思维导致了你的公司无法更好地了解准用户？**关于某一群体的错误认知并不少见，这些错误的认知很容易阻碍公司发掘准用户的商业潜力。[9]
- **你是否已经假定为准用户提供服务会显著增加在某件产品或服务上的投资？**正如海尔的案例所展示的那样，提供更少的性能也能产生独特的吸引力。要记住，对于准用户来说，整个产品类别和品牌都是新的，因此在这种情况下，有时简单反而是优势。[10]
- **现有的激励系统是否会阻碍你与准用户之间的互动？**强调速战速决带来的只是眼前的成功，而探索准客户中隐含的商业机会则是一项长期的投资。相应的激励措施能帮助你的公司在短期利益和长期投资间进行取舍。

06

寻找帮手，用互补品增加胜算

假如你准备去巴黎旅游，并希望能到一家高档餐厅用餐。你会如何选择？咨询当地的朋友，通过 LaFourchette（法国一个餐厅预订网站）或 Le Fooding（法国一个新锐餐厅指南）寻找，或是在 Tripadvisor 或 Eate 网站上搜索？如果想找到巴黎最好的餐厅，你很可能会借鉴一家生产轮胎的公司的意见。是的，轮胎！我说的当然就是米其林及其著名的餐厅指南。但你不觉得这很奇怪吗？一家生产轮胎的公司是如何创造出一套极具影响力的餐厅评分系统的？为什么米其林会出版这样一本指南？

为了探寻其中的原因，让我们一起回到 1891 年，认识一下爱德华·米其林（Édouard Michelin）和安德烈·米其林（André Michelin）这两位米其林兄弟。[1] 那是一个炎热的夏天，一位名叫格兰德·皮埃尔（Grand Pierre）的顾客，推着他的脚踏车（旧式自行车）走进了爱德华位于克莱蒙费朗（法国中部城市）的修车行。虽然修车行里放了几个备用轮胎，但是两兄弟都不懂轮胎，更不懂轮胎生意。这个时候米其林生产的唯一的橡胶制品是马车刹车蹄。

在做完检查后，他们很快便发现脚踏车使用的是一种新式充气轮胎。这款轮胎诞生于英国，对于 19 世纪糟糕的路面来说，充气轮胎有着很高的适用性，能够缓冲来自颠簸路面的冲击，使脚踏车骑起来更舒服。然而充气轮胎也有一个致命的缺点，那就是容易爆胎。

爱德华没想到的是，给皮埃尔换轮胎竟是个大工程。因为轮胎是由胶粘在车轮的木质轮缘外围的，所以修理工花了好几个小时才把轮胎换下来。因为换上新轮胎后还要等胶水晾干，所以爱德华当晚把脚踏车留在了修车行里。第二天，在胶水终于晾干后，爱德华出于对充气轮胎的好奇，决定骑着皮埃尔的脚踏车出去兜一圈。结果几分钟之后他就回来了，因为又爆胎了。回想这次经历，爱德华说他学到了两点："一是轮胎就是未来。二是皮埃尔的轮胎实在太让人讨厌了。"他告诉工长，充气轮胎还会继续发展："但是我们必须找到能在 15 分钟内拆换内胎的方式，并且不需要请专业技工。"[2]

他们成功了。米其林为新兴的充气轮胎行业做出的第一个贡献就是用螺母和螺栓取代胶水来固定轮胎，将更换轮胎的时间从几小时缩短到了几分钟。为了宣传新产品，米其林兄弟组织了一场从巴黎到克莱蒙费朗的脚踏车赛。在途经纳维尔市市郊时，爱德华在路上放了一些钉子，以此确保每一位参赛选手都有机会体验一下米其林轮胎换起来有多么轻松。[3] 在一家主流体育杂志的采访中，米其林兄弟解释道："我们希望这次比赛过后，不会再有人说钉子是轮胎无法逾越的障碍，至少对于米其林充气轮胎来说不是。"[4]

价值战略法则

Better, Simpler Strategy

米其林星级餐厅，只是充气轮胎的互补品

米其林兄弟把握住了时机。充气轮胎不仅在脚踏车使用者中大受欢迎，早期的汽车爱好者也迫不及待想尝试这一新型轮胎。到 1898 年，米其林成为当时很多家处于领先地位的汽车公司的独家供应商，这些汽车公司包括：博

雷（Bollé）、德迪翁－布顿（DeDion & Bouton）、标志（Peugeot）和潘哈德－莱瓦索（Panhard & Levassor）。米其林兄弟当时面临着一个巨大的挑战。规模尚小的汽车市场限制了公司的发展前景。当时驾驶汽车被视为一项体育运动，汽车承载的是激烈的赛车体验，不载人也不载货物。1900 年，法国只有 5 600 名驾驶员，却有 619 家公司制造汽车。手工制造的汽车是有钱人的爱好，却并未走向大众市场。面对有限的需求，米其林兄弟开始致力于鼓励驾驶汽车并扩展汽车的使用范围。于是就有了我们今天所看到的著名的《米其林指南》（*The Michelin Guide*）。1900 年，《米其林指南》刚出版时，书中还包含了几百张地图。米其林兄弟意识到，当司机知道将会去往哪里，并且懂得如何享受沿途美景时，汽车就会变得更有用。[5]

我们把能够提升其他产品或服务的支付意愿的产品或服务，称为互补品（图 6-1）。这些（容易被忽视的）"小帮手"能够提升几乎所有被创造出来的产品的支付意愿。想象一下汽车的所有互补品：马路、停车场、加油站、修理行、全球定位系统，还有驾驶学校；如果没有它们，汽车的价值会大打折扣。

米其林兄弟写《米其林指南》是想为顾客提供汽车和轮胎的互补品的价格和可获得性。书中的地图显示了哪些路是已铺好的（并标示出了"枯燥乏味"的路线和"风景如画"的路线）；哪里有加油站（1900 年，全法国只有不到 4 000 家卖汽油的商店，其中很多是药店）；

如何找充电站（那个时候汽车电瓶需要经常充电）；哪家修理行口碑良好（当然，推荐的肯定都是用米其林轮胎的修理行）；在哪里能享用美食（星级评分就是这么来的！）；哪里可以住宿。米其林还游说政府架设路标，这也是一个互补品，公司的员工也会去架设路标。[6]

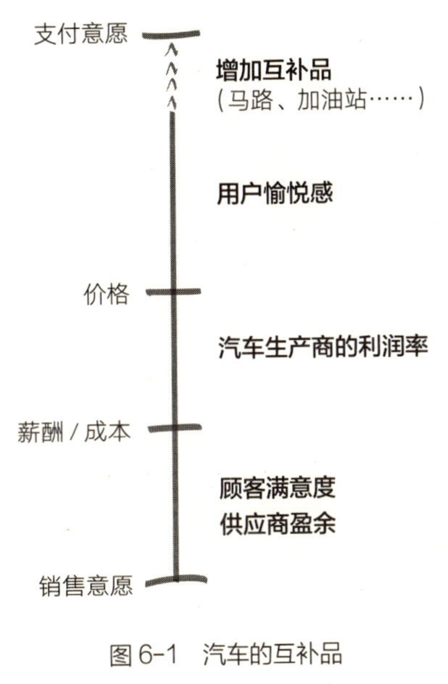

图 6-1　汽车的互补品

互补品的重要性怎么强调也不为过。没有互补品，很多产品的支付意愿会低得多，有时甚至会变成零。智能手机和应用程序、打印机和墨盒、胶囊咖啡机和咖啡胶囊、电子书和平板电脑、剃须刀和刀片、拖鞋和美甲、电动汽车和充电站、汤和碗、墨西哥玉米片和辣番茄酱、左脚的鞋和右脚的鞋、第二根筷子：互补品无处不在。在爱德华的想象中，甚至钉子也是

充气轮胎的互补品。① 想想你自己的公司，什么样的互补品能提升你的产品和服务的支付意愿?

米其林为了生产互补品而进入了看似与主营业务完全无关的旅游指南行业，这其实并不是什么稀奇的事情。为什么亚马逊的主营业务并不是消费类电子产品，却要生产 Kindle 阅读器? 因为它要提升电子书籍的支付意愿。为什么阿里巴巴并非金融服务类公司却创造了支付宝? 因为第三方托管服务能够帮助用户建立信任，进而提升买家在平台上进行交易的支付意愿。为什么微软不是娱乐公司却投资了《我的世界》(*Minecraft*) 沙盒游戏? 因为它要提升微软虚拟现实头戴设备的支付意愿。为什么康恩都乐 (Dunkin' Donuts) 卖咖啡? (恭喜你，回答正确。)

如果某件互补品只能提升你的产品的支付意愿而非其他同类产品的支付意愿，那么这个互补品就会尤其有价值。苹果公司的视频聊天应用程序 Facetime，能在苹果手机上使用，在安卓设备上却不行，这就为苹果公司带来了优势。Nespresso 咖啡胶囊只能增加与其咖啡胶囊相兼容的咖啡机的价值。特斯拉的超级充电站只能为特斯拉的车充电。[7] 这类具有排他性的互补品会带来双重影响：它既提升了某公司产品的支付意愿，如特斯拉的用户将从广泛覆盖的充电站网络中受益；同时它也降低了电动汽车整体的普及速度。相比之下，《米其林指南》却能让行业里的每个轮胎生产者受益。占市场份额 70% 的米其林是生产互补品的主要力量。但是米其林的两个最强劲的竞争对手，邓禄普轮胎 (Dunlop) 和马牌轮胎 (Continental) 也会从这份指南中受益。对于新兴的产业和产品类别来说，排他性战略尤为重要。问一下自己，你的公司如何能获得最大利益。如果你是想发展整个产

① 使用钉子的作用相对隐蔽。钉子降低了轮胎产品整体的支付意愿，但米其林容易拆换的轮胎除外。米其林以此获得竞争优势。

品类别，进而在市场水涨船高的趋势中收益，那么行业范围内的互补品最适合你。如果你的目标是要获得市场份额，那么排他性互补品则最有力度。

如果你的公司选择了后者，那么你要格外小心那些通过打破这种排他性并创造出全行业互补品的对手。例如，当前非洲最有价值的金融科技公司之一尼日利亚数字支付公司 Interswitch，它是通过连接各银行的自动柜员机和销售点来建立业务的。这使得顾客可以使用不同银行的自动柜员机，再也不用为手上拿着一大笔现金而担忧。Interswitch 为顾客带来了更多的便利，因此创造出了更大的用户愉悦感。相互连通的自动柜员机也提升了银行服务业的整体需求，给银行带来了更高的利润率。[8] 然而并不是每家银行都能获得同样的收益。当各银行的取款机可以互用之后，之前拥有数量庞大的自动柜员机的金融机构则失去了竞争优势。那么 Interswitch 的创始人米切尔·埃勒格比（Mitchell Elegbe）又是如何说服这些大公司加入其网络的呢？通过分享他创造出的价值。"虽然 Interswitch 是我的想法，但我放弃了（一些）所有权，"他说，"看到愿景成为现实要比拥有整个组织更重要。"[9]

米其林的故事让我们看到，互补品并不是一个新鲜事物。而在过去几十年里，公司越来越善于通过互补品创造价值。在本章剩余的部分，我将会讲述那些业绩最好的公司是如何发现互补品、为互补品定价，以及如何评估互补品的影响的。

最好的公司是如何发现互补品的

公司经常被建议要专注于一部分有限的产品和服务。作为规则，这是一个好的建议。做好新项目是具有挑战性的，而且与专业公司的合作通常会限制公司内部生产。然而专注并不意味着我们就要忽视所有能帮助提升产品支付意愿的因素。在第 4 章里，我们看到了亚马逊是如何通过为 Kindle 增设无线网络在电子阅读器市场中打败索尼的。从更广阔的角度看，我曾建议你不要只专注于现有产品的销售量，而要看支付意愿。现在我想请你用一个更广阔的视野看待产品，把互补品也收于眼底，哪怕很多互补品与你所在的行业毫无关联。

每次当我在课堂上介绍互补品的概念时，会经常问学员，如果要提升看电影的支付意愿，他们会怎么做。最常见的建议是在电影院里安置更舒服的座椅、改善音效，以及允许网上选座。请注意，这些想法都是在直接提升看电影体验本身的支付意愿。这就是我们常见的创造价值的思路，我们都在着眼于如何增加产品本身的魅力。当我提醒大家考虑互补品的时候，我通常听到的答案是爆米花，有时是酒水。但提及停车的人很少。

我从这些回答中得知，发现互补品其实并不容易。我们都知道互补品很重要，然而发现互补品却并不是那么简单的事。例如，总部位于美国亚利桑那州的连锁电影院哈金斯剧院，会为顾客提供免费的儿童托管服务，使父母无须提前安排人照看孩子就可以来看电影。每一个哈金斯游乐中心都有受过专业培训的工作人员看管儿童，使父母可以安心享受电影之夜。同时，剧院为每个家长都配备一个传呼设备，以便有紧急情况时工作人员可以联系他们。哈金斯是怎么发现这个如此有吸引力的互补服务的呢？首席执行官的自我反省！哈金斯剧院的首席执行官迈克·鲍尔斯（Mike Bowers）回忆说：“我们在 2001 年开设了第一个儿童游乐中心。那时候我的 3 个孩子都还很小，我发现即使是作为这个行业的高管，都没有随时来一场说看就看的电影的自由。我自问，有多少人面临着同样的处境？如果我不能随时随地看电影，那么我又怎么能奢求和我有同样处境的人去看电影呢？”[10]

家长需要为儿童游乐中心的托管服务支付 8.5 美元的费用（相当于一张儿童电影票的价钱）。鲍尔解释说这项服务盈亏平衡：“这当中要考虑很多因素。家长在剧院会消费多少钱？他们多久来一次？他们会带多少其他人一起看电影？儿童游乐中心能为顾客提供巨大的便利，它给顾客带来了一种集体的氛围感。甚至连不需要这一服务的顾客也非常高兴。大家再也不用担心在观影时被儿童打扰了。儿童游乐中心提升了顾客的忠诚度并且让整个体验更愉悦。”

哈金斯剧院很幸运地找到了有效的互补品，因为鲍尔在自己的亲身体验中看到了儿童托管服务对于看电影来说是一件宝贵的互补品。还有其他一些发现互补品的技巧，包括详细的客户旅程分析及焦点小组。我们通常可以通过问一些问题来帮助自己厘清思路，例如顾客在使用你的产品或服务之前在做什么？有没有哪个步骤是尤其困难的？有没有哪些时刻会让顾客特别容易放弃？

哈金斯儿童托管服务展现出了很多互补品的典型特点：它提升了另一件产品（看电影）的支付意愿，它让公司得以将一个服务（托管儿童）的价值转移到其他服务（影院小卖部的消费、电影票的营收）上。让我们看一下公司可以通过哪些具体方式用不同的产品或服务组合进行竞争。

转移价值：互补品与其他产品的价格此消彼长

21 世纪前 10 年，世界可再生能源领域迎来了一次阳光革命。美国太阳能光伏电池的价格在几年内大幅下降，这让太阳能有了前所未有的竞争优势。对于住宅系统模块，每千瓦安装容量的价格从 2010 年的 7 045 美元下降到 2013 年的 3 054 美元。[11] 商业应用系统的成本则更低（图 6-2）。

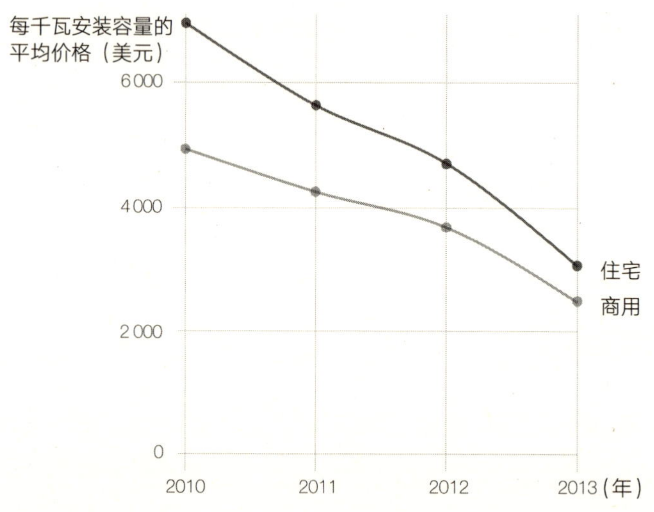

图 6-2 2010—2013 年美国太阳能光伏发电系统的价格

注：版权归加州大学理事会所有（Copyright 2019），经劳伦斯伯克利国家实验室授予。未经许可不得转载。

更高的电池效率、更大的安装规模、规模经济，都是价格大幅下降的原因。[12] 对数据进行的深入分析让我们看到了一个有趣的规律。一套光电系统的成本包含了模块本身的成本及专家们所说的软成本：安装、许可和税费。[13] 虽然硬件成本巨幅下降，但软成本却在增加（在住宅系统中软成本与之前持平），这使得安装太阳能板的公司可以获取利润。[14]

图 6-3 展示的光电系统安装公司的价格和利润，其实反映的是一种具有重要战略意义的关系。没错，正是太阳能板和安装服务的互补关系。当互补品的价格下降时，相对应的主产品的价格就会上升。① 在我们的例子里，价格更低廉的太阳能板提升了安装服务的支付意愿，这让太阳能安装公司

① 这其实是互补品的正式定义：如果一件产品的价格的下降会提升另一件产品的支付意愿，那么这两件产品互为互补品。

得以获取更高的利润率，这是互补品带来的价格变化（图 6-4）。

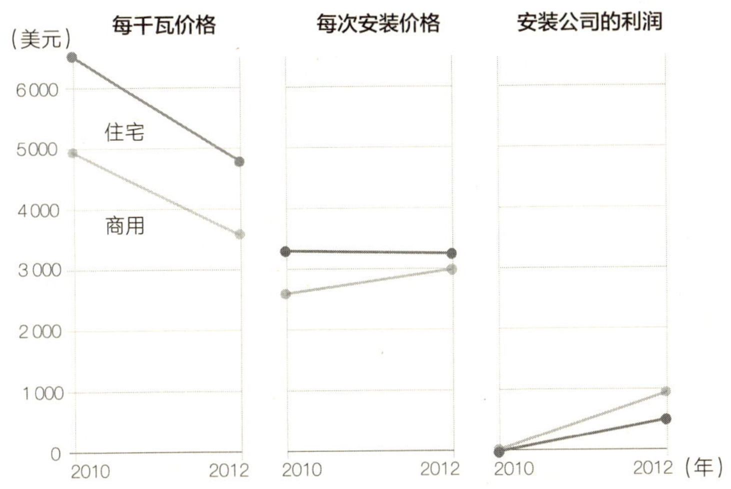

图 6-3　光电系统安装公司的价格和利润

注：版权归加州大学理事会所有（Copyright 2019），经劳伦斯伯克利国家实验室授予。未经许可不得转载。

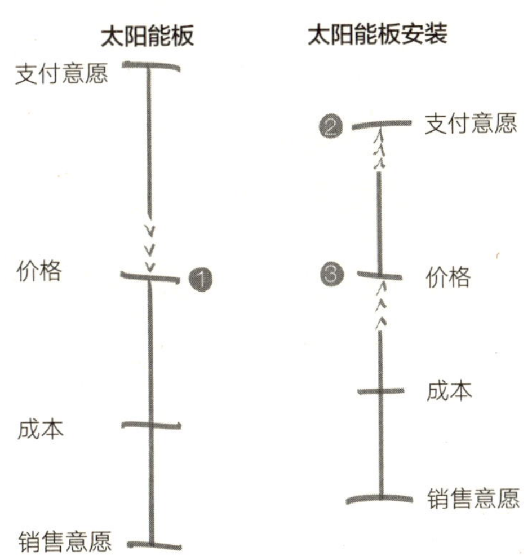

图 6-4　互补品的价格变化

你应该已经很熟悉互补品在不同场景中的作用了。当汽油价格不那么昂贵时，消费者会购买大一些的车；只要有免费（或足够便宜）的应用程序，我们不介意花几百美元买一部智能手机；当录制音乐在互联网上可以免费获取时，音乐会的价格将快速上涨。[15]以上每一组关系中，一件产品的价格的下降都会提升其互补品的支付意愿。在商业领域中，价格下跌通常会被我们视为坏消息，因为在价格下行的压力下，盈利会变得更加困难。然而这种看法是片面的。实际情况更加微妙。当价格下降时，价值会发生转移，价值从价格相对较低的产品转移到了它的互补品上。

亦敌亦友，互补品之间的纠纷尤其激烈

2019 年年初，音乐流媒体公司 Spotify 的首席执行官丹尼尔·埃克（Daniel Ek）收到了一封言辞刻薄的来信。这是一封来自词曲作者和音乐制作人的信，他们在信中指责 Spotify 企图推翻版权使用费委员会做出的为词曲作者提高版税率的裁定："你们组建了一个词曲作者关系团队，并且极力地讨好音乐人。你们是唯一一个曾经让我们感到自己在共同建设现代音乐行业的公司。然而现在我们终于看到了你们接近词曲作者的真正目的。你们一直在利用我们，并企图分裂我们。"[16]

词曲作家与 Spotify 的合作以失望告终的原因是他们误解了自己与 Spotify 的关系。的确，词曲作者和流媒体是互补品。词曲作者的才华在流媒体时代更有价值，因为流媒体可以使歌曲被数以百万的用户欣赏，同时 Spotify 也因其平台上有更多的音乐选择而获得了用户的青睐。但互补品不是你的朋友。互补品喜欢彼此是因为它们能共同创造价值，但双方也会为如何分享这个价值而争吵。就拿 Spotify 来说，它组织了一年一度的秘密天才奖，

来表彰优秀的词曲作者。[17] 这个颁奖典礼为名不见经传的词曲作者提供了一个展示自己的舞台，也为 Spotify 提供了一个很好的宣传机会。这就是词曲作者和流媒体之间的相互关系创造的价值的一部分。然而如果这些词曲作者因此就认为友好的 Spotify 会轻易让他们把才华变现，那就大错特错了。当词曲作者尝试要求提高版税费时，Spotify 公司极力反对。在他们的纠纷中，我们看到了互补品是如何在共有价值池中抢夺属于自己的那一份价值的。

与其他公司相比，Spotify 并不是异常贪婪的。处于互补关系中的双方总是希望从自己的合作伙伴那里获取更多的价值。英特尔希望 Windows 能更便宜一些；索尼希望电子游戏制作商之间能来场价格战；当船帆的价格下跌时，造船的人就会受益；汽车生产厂家希望看到汽车保险价格的降低。处于互补关系中的双方是亦敌亦友的关系。他们是友，因为共同创造价值；他们是敌，因为都想降低对方产品的价格以获得更大的利益。

互补品的互补者之战涉及的利益要高于常见的公司与供应商之间的利益。如果一位谈判高手能把采购产品的价格压低 10%，那么他的公司所获得的利益就是那 10%。然而如果你能想办法把互补品的价格拉低，就会产生双重影响。首先你能以更低的价格拿到这个产品，同时你自己的产品的支付意愿也会得到提升，这会给予你更大的定价灵活度。难怪互补者之间的纠纷尤其激烈！

当你为你的组织探索互补品的重要性时，请记住与互补者之间的合作有时会带来情绪上的压力。如果因为看到他们在尝试争夺价值而生气和失望，那么这种情绪会让你更加难以看清接下来的合作机会。与此同时，如果天真地把互补者当成朋友，那么当他们来抢夺价值时，你的公司就会陷入几乎没有一丝防备的境地。最成功的高管会在与互补者的关系中找到一种微妙的平衡，一方面对合作抱有乐观的期待，另一方面对互补者分享

（有时抢夺）属于他们的那块蛋糕的诉求也应该有合理且现实的预判。

利润池随竞争与购买时间转移

有些公司不需要担心亦敌亦友的互补者，因为它们自己生产自己的互补品。米其林既有轮胎也有指南；吉列既生产刀片也生产剃须刀；苹果公司同时创造了移动设备和 iTunes。有些公司则会通过自己的互补品来区分自己没有多少竞争优势的核心服务。例如，印度的共享出行公司 Ola Cabs 为受众提供了一整套付费方式选择，包括 OlaMoney 预付费和后付费（用户每两周对所有应用程序内的消费进行一次性付费），甚至还有专门用来支付去医院的车费及出院后费用的系统 OlaMoney Hospicash。对于这些公司来说，一个重要的战略优势是它们得以将利润从一件互补品转移到另一件互补品上。如果你是吉列公司的负责人，你可以决定是通过剃须刀赚钱、通过刀片赚钱，还是同时通过这两件产品赚钱。那么最明智的公司是如何做出这一决定的呢？

一个常见的建议是放弃“核心产品”的利润，提高互补品的价格。[18] 吉列就是这样做的。它把剃须刀的价格压得很低，但在刀片上获得了巨幅利润率。然而我们如何知道哪件产品是“核心产品”呢？吉列为什么不把刀片当作“核心产品”？真的，刀片上才有吉列最尖端的技术。

科技公司同样会面临这样的问题。有些公司把硬件的价格定得很低，然后在软件上赚钱。亚马逊就是这样做的。亚马逊将Kindle按成本价卖出，以此提升读者对电子书籍的支付意愿。微软游戏部门的负责人菲尔·斯潘塞（Phil Spencer）这样解释其定价策略：“总的来说，你应该把游戏机的硬件部分当成不赚钱的业务。真正赚钱的业务是游戏本身。”[19]

然而苹果公司却截然不同。苹果公司遵循的是完全相反的战略规则。它高价卖出硬件而放弃软件的利润。当苹果公司推出 iTunes 的时候，不仅该软件是免费的，苹果公司还放弃了音乐曲目上的全部利润。苹果公司给每首曲目的定价是 99 美分，除去给唱片公司支付的每首曲目 70 美分的成本，仍不足以覆盖信用卡手续费和运营成本。[20]

与从产品类别上来进行定价相比（如是核心产品还是周边产品，是软件还是硬件），由竞争态势引导定价的策略可能更有帮助。苹果公司的发展历程就完美地阐释了这一点。在 2001 年刚推出 iTunes 及 2008 年刚推出应用商店时，这两项服务都没有为苹果公司带来显著的利润。苹果公司通过压低音乐和应用程序的价格来保证 iPod（2001 年推出）、苹果手机（2007 年推出），以及苹果平板电脑（2010 年推出）的丰厚利润率。这些利润率又是如何随着时间发生改变的呢？为了能够在统一的基准上进行比较，我做了一个指标图，将 2009 年硬件（如苹果手机）的毛利润和一个典型应用程序的毛利润设为 100。[21] 看看利润池的巨大变化吧（图 6-5）!

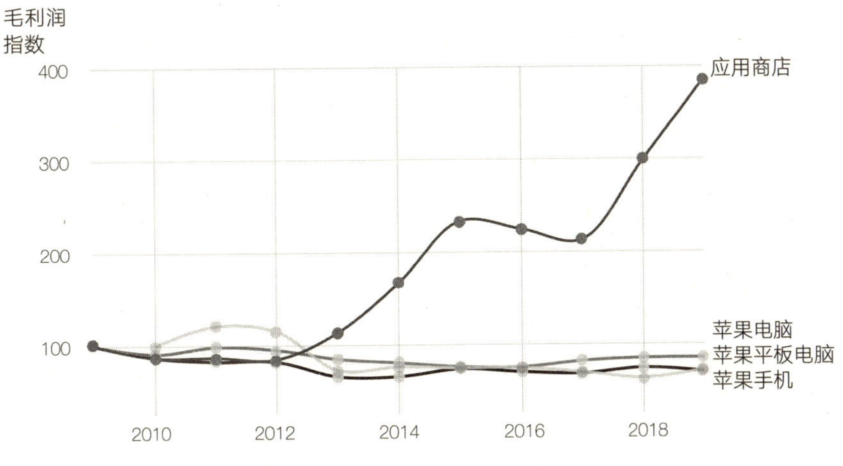

图 6-5　2009—2019 年苹果公司产品的平均毛利润

虽然苹果公司硬件产品的毛利润随时间不断下降，且 2009 年至 2018 年，苹果手机的毛利率从 62% 下降到了 38%，公司却在这期间将应用商店转变成了一台利润增长的高能发动机。顺便说一下，图 6-5 中的数据未必完全精确，因为计算苹果公司的毛利率是很复杂的。① 但通过参考霍勒斯·德迪乌（Horace Dediu）和库尔宾德·加恰（Kulbinder Garcha）出色的调查分析（图 6-5 就是基于他们的分析），我们至少可以看清整体的趋势。在这期间，苹果公司曾进行过一次大的战略调整，将利润池从硬件转移到了软件。不出所料，苹果公司现在正与应用公平联盟对抗。应用公平联盟由苹果公司的互补品的所属公司组成，其中包括 Epic Games、Spotify、Match.com 和 Basecamp。联盟呼吁苹果公司降低应用商店的收入分成，并停止通过对 iOS 操作系统的控制来偏袒苹果公司自己的应用服务。[22]

到底是什么促使苹果公司改变了战略计划？那就是竞争。无论是 iPod 还是苹果手机，在刚刚推出时没有真正能对其构成威胁的竞争对手。然而现在，已经出现了可供用户选择的、有着类似功能和性能的产品。[23] 今天，连新一代手机与旧手机都没有太大的差异了。苹果公司通过给用户提供在硬件上缺少差异化的价值棒，把利润池转移到了互补品上（图 6-6）。硬件价格下跌，应用程序的支付意愿得到提升，利润转移到了服务上。

这种把利润池从竞争激烈的领域转移到竞争相对平缓的领域的能力，是公司自行生产互补品并控制互补品供应的益处所在，如苹果公司。② 当竞

① 甚至连想要了解用户在应用程序上的消费都并不容易。苹果公司的报表中只显示由苹果公司定价的应用程序上的用户消费数据，而对于由应用程序开发商定价的应用程序，苹果公司的报表只显示自己的营收份额。

② 很多应用程序的价格并不直接由苹果公司掌控。然而，新的应用程序需要通过公司的许可才能进入，而且公司决定了用户在搜索软件时会看到哪些应用程序。这也是为什么苹果公司的这种潜在影响会被一些人视为反竞争行为，苹果公司也因此成了一起反垄断法诉讼的被告。

争变得激烈，这些公司会在高度竞争的赛场降低价格，以此提升处于更受保护的领域中的互补品的支付意愿，实现利润的转移。[24]

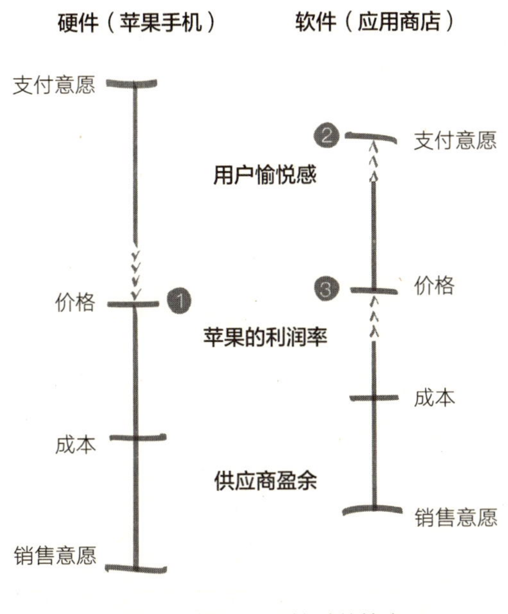

图 6-6　苹果公司利润池的转移

当你正在考虑如何为互补品定价时，参考两个极端的选择会很有帮助。如果你选择在核心主产品上获取大部分的利润并赠送互补品，会发生什么？反过来呢？对于这两种情况，你都需要知道将面临多少竞争。一旦提升价格，用户会不会立刻转向替代品？当供应商看到你丰厚的利润率时，会不会立刻提高原材料的价格？你的核心产品与互补品的竞争态势的差异越大，就越应该将利润从高度竞争的市场转移到互补品市场 。

我们在对互补品进行定价时，竞争是需要考虑的最重要的因素之一。产品种类和消费者的购买时机同样能帮助我们决定如何转移利润。先来看看产品种类。如果某个互补品的不同系列所创造的用户愉悦感有很大差异，那么将利润移向这个互补品就更便于与用户分享价值。例如，最复杂的 Xbox 游戏造价几百美元，然而 Xbox 中还有很多不到 20 美元的游戏。由于每款电子游戏的价值池规模都有很大的差异，微软一直以来都把 Xbox 设备的价格压得很低，以此将利润从游戏机转移到游戏。

另一个需要考虑的因素是购买决定发生的时机。很多互补品的销售是随着时间的推移而产生的。如果你今天购买了一把剃须刀，那么在接下来相当长的时间里就会购买很多刀片。如果消费者在购买剃须刀时无法准确地预估未来花在刀片上的钱，那么将利润池转向刀片会是一个明智的选择。但要谨慎！这一定价战略的明显缺点是它不能增进你和用户之间的感情。相反，用户会感到买完原本并不昂贵的剃须刀后被套牢了，同时会开始寻找能为他们创造更大价值的产品。吉列在这方面有过教训，当年美元剃须俱乐部（Dollar Shave Club）和 Harry’s 用低于成本的刀片订购模式进入市场，对吉列造成了巨大冲击。这个定价战略很容易适得其反。

简单的战略

五大重要洞察，清晰认知什么是最符合你的互补品

我认为在考虑互补品时，以下观察尤其重要：

- **互补品能帮助提升支付意愿。**在竞争中真正有价值的是用户愉悦感，而互补品是提升支付意愿的一种有力手段，可以为用户创造更高的价值。
- **通常情况下，互补品与你的核心业务似乎并无关系。**因此，要识别互补品需要我们对用户旅程进行有创意的思考。
- **我们总希望互补品是便宜的（除非我们自己售卖互补品）。**互补品价格的下降能提升另一件产品的支付意愿。
- **互补品亦敌亦友。**互补品的生产者共同创造了价值，同时也为价值的分配讨价还价，有时甚至还会充满火药味。
- **自己生产互补品的公司可以将利润池从它的一件互补品转移到另一件互补品。**

07 重新定义互补品与替代品：是敌，是友

在成熟的领域区分互补品和替代品似乎很简单。然而对于新兴技术或新兴行业来说，区分互补品和替代品通常是比较困难的。如果你从事的是银行业工作，区块链是你的朋友还是敌人？如果区块链技术能够让金融交易更快捷、更安全，那么它可能是互补品。但如果它通过加密货币和代币发行募资来取代传统付费服务，那么它可能就是替代品。

再来看一下送餐服务软件，例如中国的饿了么、巴西的 iFood，以及美国的 DoorDash，对于餐厅来说它们是互补品还是替代品？如果顾客通过送餐服务发现了新的餐厅，并希望有一天能到餐厅就餐，送餐软件就是餐厅的互补品。但如果因为顾客都叫外卖，无人光顾餐厅，那么它们就成了替代品。印度的 BYJU'S 是一个处于领先地位的提供个性化线上学习服务的公司，它对于传统的面对面教学来说是替代品还是互补品？[1] 在所有这些例子中，我们都无法清晰地判断自己看到的是互补品还是替代品（图 7-1）。

识别互补品困难重重，源于互补品与替代品亦敌亦友

纵观商业历史，无数的案例让我们看到了识别互补品是多么困难。20 世纪 20 年代，当广播兴起时，美国作曲家、作家和发行商协会（ASCAP）极力抵制这一新兴媒介，并坚信广播的出现会降低唱片销量，而且会降低对于当时来说更重要的来自活页乐谱的营收。为了扼杀广播，ASCAP 在

20 世纪 30 年代末和 1940 年两次将许可费提高了 70%。电台则是以联合抵制的形式回应。在那之后近一年的时间里，美国的电台听众几乎听不到任何受版权保护的音乐。于是突然间，当时已进入公共领域的一些老歌，像斯蒂芬·福斯特（Stephen Foster）的早已被人遗忘的《浅棕色头发的珍妮》（*Jeannie With the Light Brown Hair*）再次响彻人们的耳畔。[2]

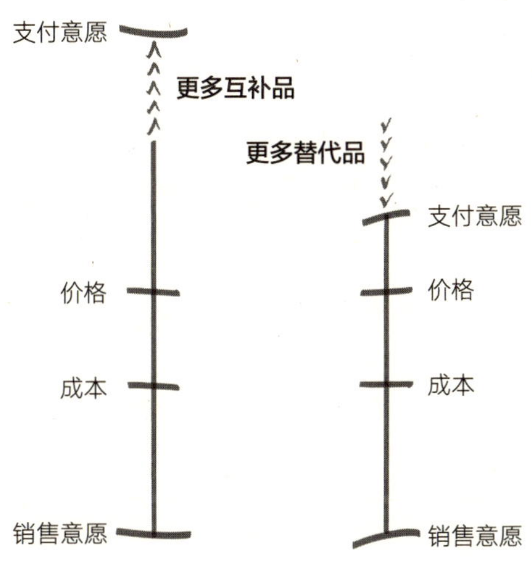

图 7-1　难以区分的互补品和替代品

然而到了 20 世纪 50 年代，ASCAP 的错误已经显现。广播并非唱片的替代品，而是互补品，它是宣传音乐的一种手段，同时可以提高听众的欣赏水平。这时的付费方向发生了逆转：不再是唱片公司向电台收取高额的版权费，而是唱片公司反过来要给电台付费来播放自己的歌曲。① 唱片公司常犯的第一类错误，是它们会误判两个产品的关系，把互补品当成了替代品。事后再看，一切当然一目了然。然而在当时，这种错误是完全可以理解的。难道你不觉得免费播放音乐会降低受众对唱片的需求吗？

① 有些该行业的从业者甚至因为没有正确披露这些付费行为而陷入了行贿丑闻。

在另一些情况下，我们很难预测两件产品的关系随着时间的推移会发生怎样的变化。电脑和纸张就是一个很好的例子。看看你的办公室，无纸化办公时代到来了吗？如果我凌乱的桌面能说明问题的话，它还没有到来。《商业周刊》曾在 1975 年让专家们预测 1990 年的办公室会是什么样的。其中著名的施乐帕罗奥多研究中心的主要负责人乔治·E. 佩克（George E. Pake）的许多预测竟然出奇地准确："毫无疑问，在接下来的 20 年里将会有一场办公室革命，"他解释道，"科技将改变办公室，就像喷气式飞机改变了旅游业，电视机改变了家庭生活那样。我可以通过屏幕上的文档图标调取某一份文件，或者通过一个按键获取信件或其他信息。"然而即使是佩克这样的天才，也没能准确预测技术对纸张的影响。他当时的预测是："我不知道在这个世界上我还能看到多少纸质材料。"[3]

电脑如期而至，但纸张的消费却出现了暴增。事实证明，电脑和打印机是互补品，而非替代品。1980 年至 2000 年，美国办公用纸消费量几乎翻了一番。[4] 个人电脑让打印更加方便，人们也喜欢阅读打印出来的文件，至少是短暂的喜欢（办公室打印出的纸张文件中有 45% 会在一天结束前被扔进垃圾桶）。[5] 从某种意义上来说，电脑和纸张之间的这种出人意料的互补性体现了科技发展的状态。[6] 早期的个人电脑经常死机，所以需要预留纸质文件作为备份，软件又无法准确地转换在其他场景下生成的文件。除此之外，打印成本低廉且人们通常不愿适应变化，这一切使得电脑、打印机和纸张之间形成了强互补关系。

然而这种互补性到了 2008 年却有所减弱，甚至在朝着相反的方向发展。自 2000 年以来，美国办公用纸消费量下降了 40%。"这其中更多的是社会原因而不是技术原因，"《经济学人》这样认为，"在电子邮件、文字处理软件和互联网环境中成长起来的新一代员工，已经不像他们的老一辈同事那样需要把文件打印出来。”[7] 即使从长期来看电脑和纸张是替代品，我们也很难预测其关系转变成为替代品的时间点。这就是公司常犯的第二类错误，我们预判的两个产品从互补品转变为替代品的时间点，要远远早于其真正成为替代品的时间。

自动柜员机的出现是可以反映第三类错误的更加复杂的例子。伦敦的巴克莱银行和纽约的化学银行率先在 20 世纪 60 年代末安装了自动柜员机。这些自动柜员机使用起来非常不灵敏，而且还很容易出现故障。这种自动柜员机没有密码。要启动自动柜员机，顾客首先要往机器里塞一枚塑料币。当交易被记录下之后，塑料币将由银行退回给顾客，通过慢如蜗牛的邮寄方式退回！[8] 虽然最初的体验不尽如人意，但是美国自动柜员机的数量依然呈现出了快速增长的趋势，从 1995 年的 10 万台，增长至 2010 年的 40 万台。这造成的后果之一是那些主要工作是为顾客处理存取款业务的银行柜员的未来似乎一片黯淡。克利夫兰联邦储备银行的研究员本·克雷格（Ben Craig）这样描述他观察到的情况：“虽然有些顾客感慨失去了每周与那些能叫出自己名字的友好的银行柜员交流的机会，然而大部分顾客也并不愿意为了享受银行柜员服务而支付更高昂的手续费和花费更多的时间。他们还是选择了方便且更便宜的自动柜员机。”[9] 银行柜员似乎陷入了困境。

然而他们所担心的工作危机并没有发生。1970 年至 2010 年，美国银行柜员岗位增加了约 350 000 个（图 7-2）。[10]

这个出人意料的结果来自 3 层效应。首先，银行的确减少了每家分行的柜员人数。[11] 从这个小的范围来看，自动柜员机和银行柜员互为替代品。然而故事并未结束。其次，由于运营分行的成本有所降低，银行在更多地点增设了分行，而每家分行都需要招聘柜员。再者，这些柜员现在的工作还包括为顾客提供建议和销售理财产品，这些工作远比之前数钱、拿钱的工作更有价值。于是，招聘银行柜员成了更具吸引力的主张。这产生的净结果是，对于这些新型柜员岗位来说，自动柜员机是互补品。

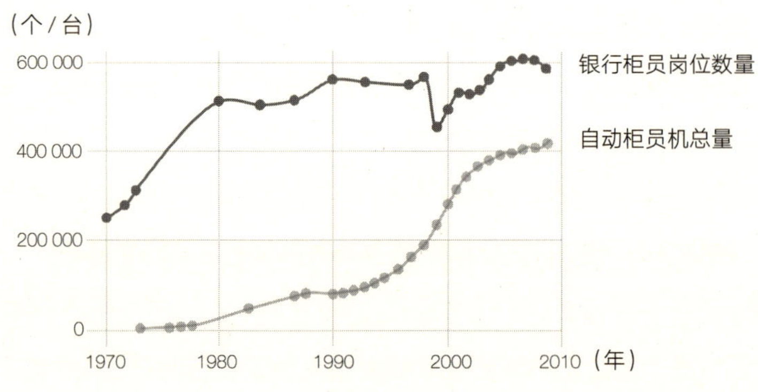

图 7-2　1970—2010 年美国银行柜员职位和自动柜员机的数量

完全无法识别互补品（ASCAP），难以准确预测两件产品成为替代品的时间（电脑和纸张），以及难以看到技术变革所带来的次级效应（自动柜员机），这些原因都让我们难以发现产品的互补性。而我们这些错误判断也并非毫无道理。有没有注意到这 3 个例子中的规律？每一次，我们都把原本会提升已有产品或活动的支付意愿的新技术当成了替代品。持有这种偏见是常态。我们惧怕改变，潜在的损失比同等程度的收益给人的冲击更加强烈。心理学家阿莫斯·特沃斯基（Amos Tversky）和丹尼尔·卡尼曼（Daniel Kahneman）① 把这一心理现象称为“损失厌恶”。[12] 损失

① 诺贝尔经济学奖得主，“行为经济学之父”。他酝酿 10 年的全新力作《噪声》讲述了行为科学领域的又一重大发现：哪里有判断，哪里就有噪声。《噪声》直击人类决策中的“黑洞”，并给出了减少决策噪声的关键指导原则，其中文简体字版已由湛庐引进、浙江教育出版社出版。——编者注

厌恶使我们即使看到了互补性，想的也全是替代品的潜在风险。

历史让我们学到了两点：首先，每当有人让你对一项新技术或新的商业模型进行预判时，不要太相信直觉。当然这是很难做到的。谨慎地思考每一个效应可能发生的时间和意识到次级效应能帮助我们做出正确的判断。其次，永远不要忘记，你总是会更善于看到替代性而不是互补性。互补品很重要，但它们通常是深藏不露的。

我们总是更倾向于看到替代性而非互补性

以史为鉴，能让我们看到技术发展和高管做出判断的过程中的广泛规律。然而遗憾的是，在日常工作中我们并没有时间去等待历史画卷慢慢铺展，为我们呈现互补性和替代品的效应。我们必须独自前行。

于是我们自然而然地会求助于数据。严谨的数据分析难道不能告诉我们一项技术是替代品还是互补品吗？我们来看一个例子。在过去的 30 年里，很多公司在运营中增添了线上业务。例如，《华盛顿邮报》在 1996 年推出了线上版本。那么《华盛顿邮报》的官方网站是其纸质版的互补品还是替代品？读者调查结果如表 7-1 所示。[13]

表 7-1 《华盛顿邮报》纸质版和线上版内容的阅读情况

（小时）

24 小时时段	没有阅读邮报线上内容	阅读了邮报线上内容
没有阅读邮报纸质版	8 771	622
阅读了邮报纸质版	5 829	877
5 天时段	没有阅读邮报线上内容	阅读了邮报线上内容
没有阅读邮报纸质版	6 012	680
阅读了邮报纸质版	7 203	2 204

看一下既读线上版内容又读纸质版内容的读者数量。难道这还不能说明两者的互补性吗？还是说我们应该担心那 680 位只读线上版而不读纸质版的人？虽然我们可能忍不住想根据这份调查下结论，但某个时间点的情况真的足以让我们判断两个产品的真正关系吗？我们真正想知道的其实是：假如没有线上版《华盛顿邮报》，这 680 位读者会怎么做？这个信息却并不在这些数据当中。如果没有线上版，这些读者就会去读纸质版，那么线上版就是替代品。在既读线上版内容又读纸质版内容的 2 204 位读者中，有多少位读者在没有线上版的情况下，就不会去买纸质版报纸的？如果这样的读者为数众多，那么这两个产品就是互补品。

这是我们的第一个见解。如果你想通过用户数据寻找互补性，要先假设一个不存在线上产品的世界。如果我们还可以试着把这个假设的世界和有线上购买渠道的世界进行比较，就能够识别这两个产品之间的真正关系。最明智的公司会通过 3 个方法来接近真相：规律分析、趋势分析、实验。

购买规律分析是最简单的技巧，它使用的也是已有的数据。如果两件产品是互补品，你会发现它们通常会被一起使用，如薯条和蕃茄酱。光顾你的实体店的顾客是不是通常会在离店后立刻在你的网店上消费？读者有没有告诉你他们更喜欢在晚上读纸质版报纸，而在白天的工作时间则浏览线上的内容？这些规律都暗示了互补性。虽然简单，然而这类分析也并不是万无一失的。具体来说，它无法轻易识别出顾客的购买行为是出于产品的互补性，还是出于顾客对产品的极度偏爱。也许同时读线上版和纸质版报纸的人本身就是新闻迷。那些既光顾你的实体店又在你的网店上消费的顾客也许是因为他们特别喜欢你的品牌。

对时间趋势进行研究可以更进一步地了解互补性。纸质产品的阅读量是否在推出线上版后随即下跌？电商运营之初，同一家实体店的销量发生了怎样的变化？在研究时间趋势的过程中，要牢记电脑和纸张的例子。产品之间的关系并不是一成不变的，它会随着用户的喜好和习惯发生改变。因此，时间趋势分析需要经常更新。

如果你所在的行业已经有了很强的既有趋势，那么分析时间趋势会更加困难，甚至可能失效。我们来看看 1950 年至 2020 年美国付费报纸的阅读量（图 7-3）。[14]

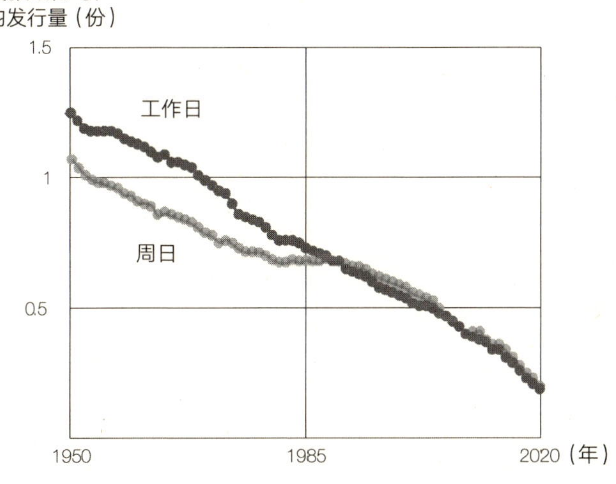

图 7-3　1950—2020 年美国付费报纸发行量

在 20 世纪 50 年代，平均每个美国家庭订阅 1.2 份报纸。到 2020 年，订阅日报的家庭比例还不到 20%。显然，报纸业已经不是一个欣欣向荣的产业。但互联网的影响在哪里？我们很难从图 7-3 的数据中找到答案。也许如果没有线上新闻平台和谷歌新闻的出现，纸质版报纸在 20 世纪 90 年代末的下滑趋势会有所缓解。然而在这个案例中，与很多其他案例一样，时间趋势分析无法为我们提供明确的答案。

了解互补性最有力的方式是运用实验及 A/B 测试。这种做法能直接模拟我们看不到的世界，从而进行更深入的洞察。2009 年 6 月 25 日，伦敦的皇家国家剧院成了世界上第一个向世界各地的电影院转播话剧的舞台。表面看，这个实验取得了巨大的成功。当天晚上全球有 50 000 人观看了拉辛（Racine）的话剧《费德尔》（*Phèdre*），而其中只有 1 100 人是在现场观看的。你自然会担心有了这样的转播方式，在电影院观看话剧是否会成为到伦敦现场观看的替代品。于是皇家国家剧院开展了一项实验来寻找答案。他们决定转播《费德尔》，但保留另外两部管理层认为和《费德尔》的受众群体相似的话剧，分别是霍华德·布伦顿（Howard Brenton）的《从来没有这么好》（*Never So Good*）和迈克尔·弗雷恩（Michael Frayn）的《来生》（*Afterlife*）。同时，《费德尔》只选择性地在一部分电影院进行转播。研究员哈桑·巴克希（Hasan Bakhshi）和戴维·思罗斯比（David Throsby）通过研究实验结果发现，数字转播与舞台演出之间存在着微弱的互补关系。[15] 转播这一形式让更多人得以观看话剧，它所带来的宣传效应吸引了一些顾客买票观看伦敦的现场演出。

简单的战略

3 个行之有效的方法，甄别互补品与替代品

区分互补品和替代品的难度通常出乎我们的意料。然而有一些公司却建立起了能有效区分两者的方法，通过针对这些公司的研究，我发现了以下几点：

- **这些公司都意识到了人们持有把互补品看成替代品的固有偏见。**人们总是在问，你怎样才能证明一项新的技术或新的产品可能是互补品？
- **规律识别和趋势分析是快速且成本低廉的识别互补品的方法。**这些方法虽有用却不是万能的。
- **做得最好的公司会通过实验来培养自己关于互补性的直觉。**

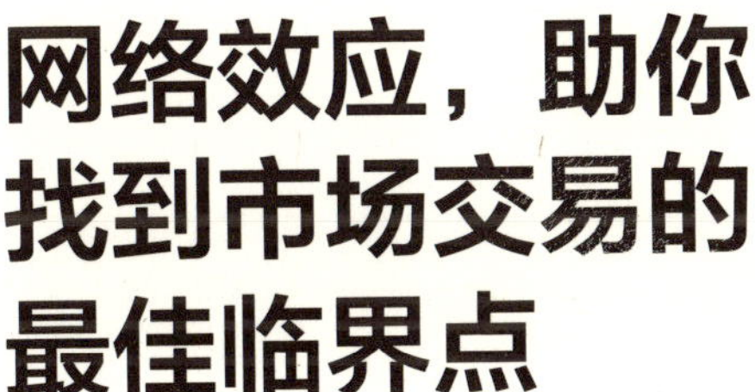

08

网络效应，助你找到市场交易的最佳临界点

在过去的10年里，我一直担任哈佛商学院中国高管项目的教学主任，这是哈佛商学院为中国高管定制的旗舰项目。由于项目的原因，我经常拜访中国，也习惯了每次去都能看到的翻天覆地的变化。然而即便如此，一次在上海的经历依然让我惊讶。我特别喜欢吃饺子（谁不喜欢呢？），因此我总是希望可以找到最好吃的饺子馆。在那次上海之行中，我在离虹桥火车站不远处找到了我喜欢的那种小馆：几张餐桌、摇摇晃晃的椅子，还有可以说是宇宙间这个角落里最好吃的饺子。吃完饭后，我递给收银员一张信用卡，她摇摇头说餐厅不接受信用卡支付。我应该猜到的，当然，很多做小买卖的店铺都不能刷信用卡。我跟她道了歉，并递给她一张50元人民币，然而我竟然再次被拒绝了。“不能刷卡，也不收现金，”她边说边指向旁边一个二维码，就摆在收银台上，“我们只接受支付宝或微信支付。”

原来，这家小馆子已经实现了无现金经营。而它并不是个例。在中国，“现金失宠”的速度甚至要比你说完“请结账”这3个字的速度还要快。这是怎么实现的呢？在我看来，信用卡交易才刚刚占据主要地位。而现在，一分半钟之后，现金就“死”了？完全被移动支付取代了？

这种快速转变是市场拥有强大网络效应的标志。在这些市场里，用户对某件产品或服务（甚至是对现金的使用）的支付意愿会随着产品或服务的使用率的增加而得以提升（图8-1）。起初，说服餐厅接受移动支付是困难的，因为在使用这项服务的用户已经很少。同样，用户也不太愿意在设备上下载支付宝，因为没有多少商家接受移动支付。但是随着使用率的提高，商店和餐厅的支付意愿也会得到提升。而随着越来越多的商家接受移动支付，使用这些应用程序的用户数量也会快速增加。

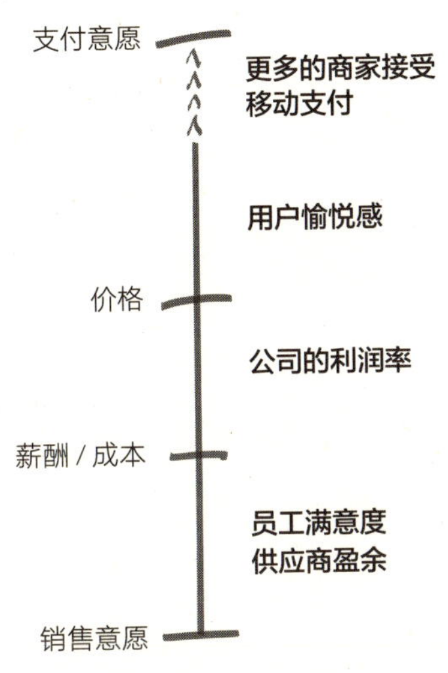

图 8-1　网络效应：使用率提升支付意愿

网络效应是一个正向反馈循环：越来越多的商家能吸引大量的顾客，然后又会有更多的商家加入。网络效应能使市场达到一个临界点：从非常低的使用率瞬间弹跳到广泛普及的状态。反之亦然。随着使用现金的人越来越少，提供找零服务的店铺数量逐渐下降，于是愿意接受现金支付的店铺数量也会下降。这会鼓励更多的顾客转向移动支付。

中国及其他国家（如瑞典），已几乎成了无现金社会。2010 年，移动支付服务甚至都排不到中国应用程序的前 10 位。仅仅 10 年后，3/4 的中国人更倾向于使用移动支付而非现金支付。[1] 2015 年，当阿里巴巴旗下充满未来感的超级市场盒马鲜生开业时，甚至都没有设收银台。网络效应对支付意愿的影响是巨大的。

三大网络效应，不断提升支付意愿

区分三种不同类别的网络效应对我们会有所帮助。它们都能通过提高产品使用率来提升支付意愿，然而三者发生的机制却各有不同。

直接网络效应。在直接网络效应下，每增加一位购买产品的顾客，这款产品的支付意愿就会增加（图 8-2a）。在这方面，所有通信设备都是很好的例子。想一下第一位购买传真机的顾客。那时的传真机没有任何价值，因为没有其他顾客与之交换传真信息。随着传真机的逐渐普及，其支付意愿随着拥有传真机的公司和个人的数量的增多而得到了提升。回想一件你拥有的产品。如果很多人都拥有同样的产品，这种产品是否会因此变得更有价值或更有用？如果答案是肯定的，那么这其中就有直接网络效应。

间接网络效应。通过互补品提升用户的支付意愿（图 8-2b）。游戏机和游戏、汽车和修理行，以及智能手机和应用程序都是拥有间接网络效应的典型例子。随着越来越多的用户购买智能手机，开发商便会开发更多的应用程序。而大量且好用的应用程序又能提升智能手机的支付意愿，进而会吸引更多用户。间接网络效应通常会产生一种鸡和鸡蛋的动态关系。如果我们有更多的充电站，便会有更多的人选择电动汽车。但是也会因为开电动汽车的人太少，而导致充电站不足。为了打破这种僵局，相关公司通常会对需求有限的互补品进行投资，希望以此刺激间接网络效应。

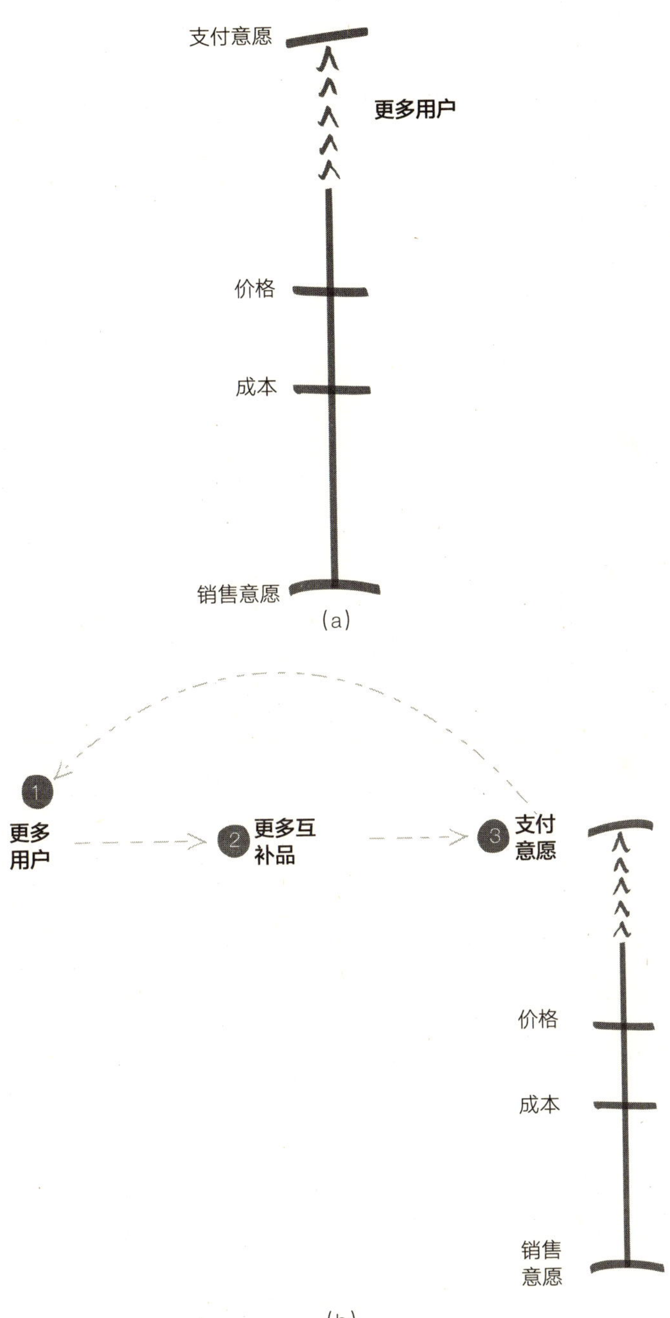

支付意愿
更多用户
价格
成本
销售意愿
(a)
1
更多用户
2
更多互补品
3
支付意愿
价格
成本
销售意愿
(b)

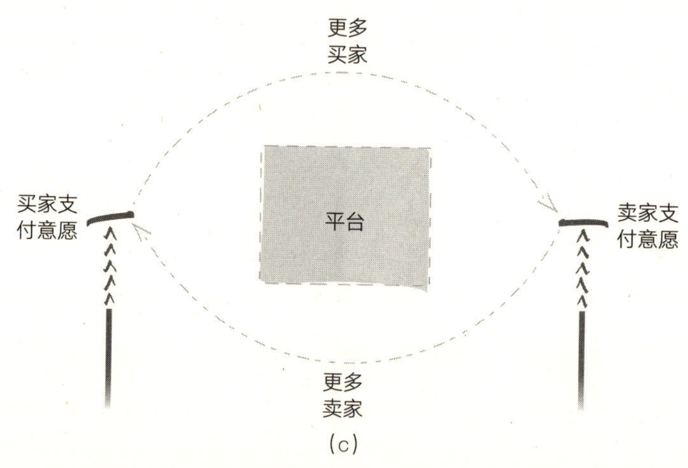

图 8-2　直接网络效应、间接网络效应和平台网络效应

平台网络效应。这些平台类的公司会吸引不同类型的用户（或供应商），平台上某一类型的用户的支付意愿会随着其他类型用户的增加而得以提升（图 8-2c），如线上旅行社。当使用亿客行预订房间的人越来越多时，酒店会发现把房间放到亿客行上售卖更具优势，于是越来越多的酒店上线亿客行，而更多的酒店选择又会吸引更多的顾客。很多公司会通过连接不同类型的用户来创造价值。例如《纽约时报》，既吸引读者也吸引广告商。优步连接了乘客与司机，而亚马逊线上购物平台则吸引了买家和商家。在每一个例子中，一个用户群体的支付意愿（广告商、司机、商家）会随着另外一个用户群体（读者、乘客、买家）数量的增长而得以提升。

在本章中，我们将共同探索网络效应是如何为公司带来巨大的成功，又为何会导致公司遭受巨大的失败，以及它如何促成了逐渐被大型（且利润丰厚）公司掌控的经济局面。

有时，赢家通吃

Facebook 在创立 15 年后，主宰了社交媒体领域。拥有着 24 亿月活跃用户的 Facebook，是在全球不少国家都处于领先地位的社交网络平台。它在世界各地社交媒体页面浏览量的占比分别是：美国，50%；非洲，70%；亚洲、欧洲、南美洲，80%。[2] 虽然 Facebook 在过去取得了成功，然而现在却面临着激烈的竞争和严峻的社会环境压力。年轻一代的用户都涌向了 Snapchat 和 Tiktok，Pinterest 在电商领域赢得了越来越高的关注，而亚马逊也已经开始与 Facebook 竞争广告费。更糟糕的是，数据和隐私丑闻让外界对 Facebook 的动机和领导层产生了质疑。Facebook 现在是美国社交网络中最不受信任的公司。[3]

Facebook 在一次又一次的危机中表现如何？它的业绩非常出色。2019 年，Facebook 的用户量增加了 1 亿，其中 100 万来自成熟的美国市场。同年，Facebook 的营收增长了 29%，市场份额的增加超过了 50%。[4] 如何解释 Facebook 这种非凡的持久力？难道它不是早就应该分崩离析了吗？

Facebook 的业绩反映的正是网络效应的巨大力量。它同时享有 3 种网络效应。随着 Facebook 新用户的增加，加入网络与朋友和认识的人进行交流就会变得更具吸引力（直接网络效应）；商业品牌和平台上的用户也会有更大的动力创作和发布内容（间接网络效应）；这样一来，网站又能吸引更多的广告商（平台网络效应）。的确，Facebook 枯燥又乏味的页面设计和渐渐丧失的用户信任降低了支付意愿。[5] 然而强大的网络效应帮助公司锁定了市场地位，同时将支付意愿保持在了远高于其他社交媒体的水平。

网络效应在其力量最强大的时候能为公司带来巨大的优势，市场会朝着一小部分公司倾斜。谷歌和百度、亚马逊和阿里巴巴、索尼和微软、美国 Verizon 和 AT&T，以及 Visa 和万事达卡（信用卡），所有这些公司都享受着强大的网络效应所带来的利益。

赢家通吃的局面是罕见的

我每天早上的一个仪式是查看所有的通信应用程序。通常从电话短信开始，接着是 WhatsApp，然后快速查看微信，最后是 LINE。我需要下载所有这些应用程序，因为网络效应通常在本质上是区域性甚至是地方性的。WhatsApp 是目前为止全球最大的通信类应用程序，然而它在 LINE 占据领先地位的日本几乎毫无用处。在中国，每个有手机的人都在用微信。如果我有在埃塞俄比亚、韩国、乌兹别克斯坦或越南的朋友，还要在手机上下载这些国家的领先通信类应用程序：Viber、Telegram、Kakao、imo，以及 Zalo。[6]

网络效应的强度取决于用户的数量，然而这个数字很少是全球性的。想象一下像优步这样的公司，平台效应对于它来说是有利的。司机数量的增加能让乘客受益，而更多的乘客也能吸引更多的司机加入优步。但对于优步来说，用户的相关数量完全局限于本地。如果我在波士顿用优步约车，旧金山有再多的司机也无法改变我的支付意愿。

网络效应的地域性限制了很多大平台的发展。优步在全球有 300 万名司机，然而即便如此，优步每进驻一个新的市场，依然需要从零开始，就好像它在其他地方的业务根本不存在一样。于是整个行业呈现出了多足鼎立的局面，不同的公司在各自的市场称霸一方。优步领先于美国市场，滴滴主导着中国市场，Gojek 称霸印度尼西亚市场，而 BlaBlaCar 则在德国市场中排第一位。区域性的网络效应依然产生了强大的先发者优势。在滴滴抢先占据中国市场后，市场发生了倾斜，在这种情况下优步毫无胜算。但优步在中国的失败也同样不会影响它在其他市场中的地位。

本土竞争生来激烈，多足鼎立才是常态

你使用过多少种不同的共享出行应用程序？如果让我猜，我想肯定不止一种。如果你住在旧金山，应该同时使用优步和来福车的应用程序。如果你住在雅加达，我猜你会同时使用 Gojek 和 Grab。在首尔，我应该会看到 Kakao、TMap，可能还有 TADA。网络效应不仅很少带来 Facebook 式的全球性主导地位，甚至在本土市场，赢家通吃的结果也只是例外。不同的平台通常会同场竞技。一个本土市场到底能容纳多少同类型的平台公司？例如，如何判断在首尔排名第 4 的共享出行公司 Poolus 是否能维持下去？

要想了解一个市场大概的竞争情况，我们需要看一下网络效应在这个市场中是通过哪种机制提升支付意愿的（图 8-3）。从乘客的角度看，共享出行平台需要考虑的一个最重要的因素是司机与乘客之间的距离。[7] 使用平台的司机越多，乘客候车的时间就越短。

随着候车时间的不断缩短，乘客能获得的递增收益也会逐渐变少。没有几个人真正在意自己约的车是在 1 分钟还是 30 秒后到达。要想在候车时间上具有竞争力，服务平台需要有图 8-3 虚线所示的司机数量。如果首尔的市场足够大，能够允许 4 家公司分别组织起自己所需要的司机池，那么 Poolus 就能生存。如果只有一家公司能组织起自己所需要的司机池，

那么这个本地市场就会是赢家通吃的局面。

我能听见你内心反对的声音，没错，你是正确的。我刚刚说的其实并不完全准确。其中的一层复杂性在于市场中司机数量的增加所带来的不止一种影响，而是多种。第一种影响是随着乘客候车时间的缩短，更多的乘客会使用共享出行服务，因为他们都喜欢短暂的等待时间。而第二种影响是司机数量的增加意味着在乘客数量相同的情况下，司机的等待时间会更长。如果第二种影响占主导地位，那么市场中的乘客的支付意愿将永远无法达到图 8-3 中所示的最高水平，因为随着等待时间的延长，有的司机会退出市场。另一层复杂性是共享出行公司通常会将司机视为独立承包商，而不是员工。这种关系能节省成本，但也允许司机同时为多个共享出行平台服务。因此，一个新入行的公司不需要自行组织新的司机池，创业者可以直接从现有的司机池中“借用”司机。这使得共享出行市场的竞争更加激烈。看到优步公司盈利的道路如此坎坷，你还会感到惊讶吗？

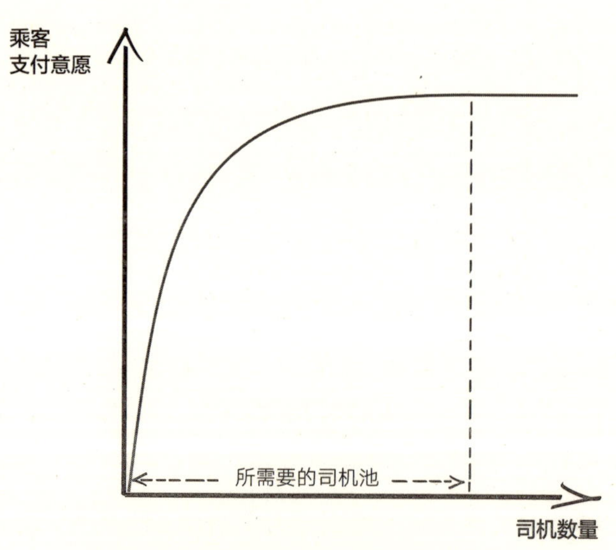

图 8-3　共享出行服务行业提升支付意愿的手段

共享出行给我们上了重要的一课。知道你的公司能从网络效应中受益自然是好的。然而更重要的是要透彻地理解用户的数量会对支付意愿产生怎样的影响。弄清楚使用率提升支付意愿的机制能帮助你评估一个市场的竞争情况。

我们再来看一下电商平台。显然，人们喜欢网购。只要稍微做点功课，你总能找到很划算的物品。如果更低廉的价格是用户最看重的要素，那么电商平台就是一个高度竞争的市场。在图 8-4 中，标有“低价”的这条线呈现的是用户愉悦感是如何随电商平台商家数量的增加而变化的。起初，因为有更多的价格竞争，用户的满意度会上升。然而这种递增效应很快就会消退，因为实现价格竞争只需要一小部分商家。

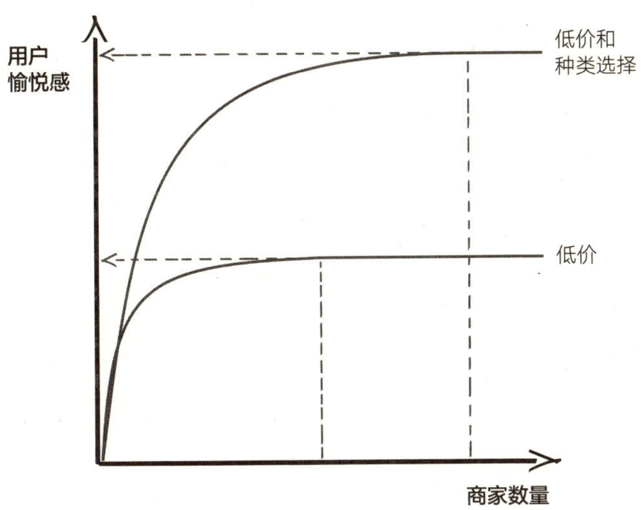

图 8-4 电商平台提升用户愉悦感的手段

所幸用户并不只是考虑低廉的价格，很多用户还在意产品的种类是否丰富。亚马逊和淘宝领先于各自的市场，其中的很大一部分原因是它们为用户提供了前所未有的产品种类。如果可供选择的种类很重要，且用户都喜欢一站式购物，那么电商平台就需要大量商家来为用户创造愉悦感，这样就很有可能会出现赢家拿走大多数份额的局面。亚马逊在美国电商市场占据超过 50% 的市场份额，天猫在中国电商市场的份额则更高。

哥伦比亚即时交付平台 Rappi 上也存在类似的情况。这家新创公司主要的竞争点是其广泛的服务范围。除了送餐和送杂货，Rappi 可以帮你到自动柜员机取钱、遛狗、购买音乐会门票，以及在足球比赛中帮你凑数当第 11 名球员。Rappi 的模式所建立的网络效应能让员工（他们担心自己会无所事事）和用户（他们特别在意是否能即时享受到各类服务）同时受益。

在所有的例子中，关键点是要思考拓宽平台服务范围所带来的递增的用户愉悦感及供应商盈余。即使以现在的规模，依然能增强网络效应吗？

专属性的代价

这本应是一次最难忘的回归庆祝会。1997 年夏天，数千名苹果公司的忠实拥趸前往波士顿参加在那里举行的苹果 MacWorld 展会，欢迎他们的英雄史蒂夫·乔布斯的归来。乔布斯在 1985 年被迫从自己参与创建的公司辞职后，于 1997 年回到了苹果公司。然而等着他的却是一个烂摊子。由于流动资金不足且缺少对未来的长期规划，苹果公司已岌岌可危，濒临破产。[8] 当时在摩根士丹利担任分析师的玛丽·米克（Mary Meeker）和吉利恩·芒森（Gillian Munson）这样评价苹果公司当时的可怕前景："苹果公司在我们看来已经陷入巨大的困境，在过去的 6 个季度里，每个季度的营收同比下跌了 15% ～ 32%。如果用医学术语来形容，我们已经可以宣布这名患者死亡了。”[9] 报刊也密切关注着苹果公司业绩急速下滑的趋势，并且已经准备好见证这家举世闻名的公司的滑铁卢了（图 8-5）。[10]

图 8-5 《商业周刊》封面文章:《一代美国符号的陨落》

等候在波士顿会展中心的人群满怀期待。乔布斯会宣布怎样的决定？他为大家准备了什么样的惊喜？

乔布斯没有让这些人失望，他宣布了一个甚至比他们预想中的还要震撼、深刻的决定。“苹果公司是在一个生态系统中生存的，而它需要来自合作伙伴的帮助，”乔布斯解释道，“今天我要宣布我们的第一个合作伙伴，这将会是具有特殊意义的合作关系，他就是……”此时乔布斯身后的屏幕亮起，人群震惊了，他们看到的是比尔·盖茨的面孔！乔布斯正式宣布与微软合作。微软是苹果公司的劲敌，是那个曾经被苹果公司嫌弃的、一点都不酷（但特别成功）的死对头。[11]

苹果公司是怎么走到这一步的？苹果公司是 20 世纪 80 年代盈利能力最好的电脑公司，它是如何跌入谷底的？直接网络效应和间接网络效应在其中扮演了至关重要的角色。20 世纪 90 年代，价格低廉的个人电脑的普及使得 Windows 操作系统的使用率不断上升，进而提升了用户对微软 Windows 操作系统的支付意愿。Windows 用户数量的不断增加使得文档间的交换更加便利，用户在软件出现问题时也能方便地寻求其他用户的帮助。而比这层直接网络效应更重要的是间接网络效应：为 Windows 的软件提供开发、维护和升级服务的动机。

在电脑发展的早期阶段，苹果公司曾是一股不容小觑的力量。1980 年，苹果公司占据全球电脑市场 16% 的市场份额，然而它的市场份额很快就被以 Windows 软件和英特尔微处理器为基础的、价格低廉的个人电脑所吞噬。1997 年，当乔布斯回归苹果公司时，双方市场规模的悬殊已是惊人的。那一年，英特尔售出了 7 600 万台处理器，微软的安装基础接近 3.5 亿台。相比之下，苹果公司的出货量不到 500 万台，安装基础仅仅是微软的 10%。[12] 假如你是那时的软件开发人员，有一个非常好的关于创新软件的想法。你会选择微软，还是苹果公司？就像乔布斯在 1996 年所说的那样："关键在于说服那些创新型软件产品的开发人员，使他们相信他们的软件在你的操作系统上运行效果最好，或者只能在你的操作系统上运行。"[13] 然而到 1997 年夏天，苹果公司已经完全丧失了这种能力。

苹果公司与微软合作的关键是盖茨承诺将继续开发适用于 Mac 平台的微软办公软件套装 Office。在那之前，微软的 Office 产品只是偶尔会发布适用于 Mac 的版本，这导致许多苹果公司的用户转到了 Windows 系统。现在盖茨承诺会定期发布相同数量的可用于个人电脑和 Mac 的 Office 版本，甚至在新软件的开发上还会考虑苹果操作系统的特殊性能。[14]

苹果公司与破产擦肩而过的故事让我们看到了溢价的两面性。它能产生专属感并带来丰厚的利润率，同时也会限制用户的数量。这种利基市场战略是有可能取得巨大成功并长期维持的，如保时捷或爱马仕面向的就是小众群体。但当市场中出现强大的间接网络效应时，溢价就会降低为你生产互补品的公司的动力，你也会因此失去取得成功的一个关键要素：互补品。在这种情况下，溢价就很难得到维持。事实上，苹果公司也是因此失去领先于个人电脑行业的机会。①

苹果公司的困境当然不只是因为缺少有吸引力的软件。1995 年的产品短缺、设计不当的许可项目，以及含混不清的市场功能重组，还有糟糕的库存管理，这一切都削弱了整个公司的运营能力。[15] 再加上具有强大网络效应的竞争对手，苹果公司陷入了巨大的困境。乔布斯还记得苹果公司前任首席执行官吉尔·阿梅里奥（Gil Amelio）常说的一句话："苹果公司就像是船底破了洞的航船。"[16] 这个洞就是网络效应。遗憾的是，阿梅里奥认为他的工作只是"把船引向对的方向"。但他为何不把洞先补上呢？

理解互补品开发成本对网络效应的影响

如果我们把 1997 年的经验教训运用到苹果公司今天的处境上，也能获得有趣的发现。图 8-6 显示的是相关公司在移动操作系统领域的市场份额。[17] 苹果公司是不是再度陷入了困境？

不难看出，这与 1997 年的情况一样。公司卖高价手机，营造出一种物以稀为贵的独属感。同时，苹果公司的竞争对手——来自谷歌的安卓系

---

① 时至今日，苹果公司个人电脑的单位出货量份额依然在 12% 左右。

统，作为默认操作系统被安装在价格相对低廉且主导全球市场的设备上。这难道不是历史的重演吗？安卓系统不就是新的 Windows 系统吗？

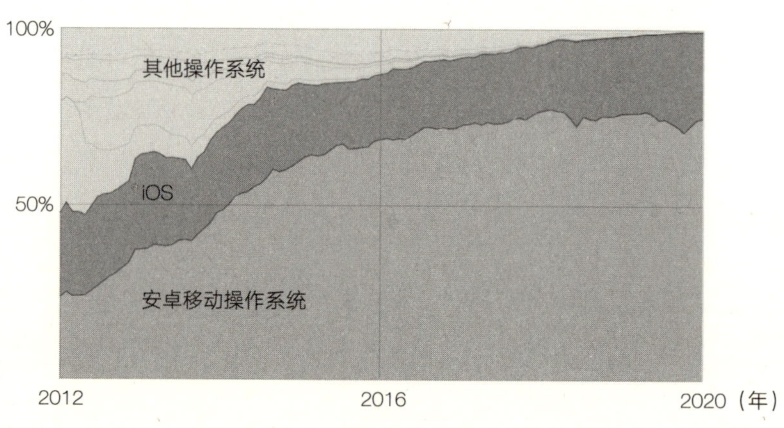

图 8-6 移动操作系统领域的全球市场份额

这其中的确有相似之处。用户数量少的操作系统是无法持续的。比如 Windows 手机就一直没能赶上来，微软最终在 2020 年放弃了移动手机平台业务。然而微软在手机业务上的失败，并非由于网络效应。网络效应在这个市场里的作用并不大，因为手机用户无论在哪个移动操作系统上都可以轻松地彼此连接。而且，同样的移动手机应用程序会同时应用于每个平台，因为开发应用程序的成本要比开发功能繁多的个人电脑软件低得多。[18] 就连市场份额微乎其微的微软，其手机应用商店里都有超过 50 万款产品。[19]

对于苹果公司来说，最关键的问题是提供互补品的公司是否会继续为拥有 20% 市场份额的操作系统开发产品和服务。如果互补品的生产成本不过于高昂，答案是肯定的，那么苹果公司就能存活。然而如果互补品需要大量或者由特定国家投资，那么苹果公司在其所占市场份额较低的国家就会有压力，如在其市场份额已经跌至不到 6% 的印度尼西亚。一旦技术演变到需要付出高额的成本来整合手机和互补品，如金融服务行业、交通及健康领域的应用程序，开发者就会再一次倾向于拥有最多用户的操作系统。在可移动设备操作系统市场中，开发者倾向的就是安卓系统。虽然没有人能预知技术发展的轨迹，但是每位战略家都必须掌握的一项重要能力是理解互补品的开发成本对网络效应的影响。

想象力与警觉性，实现企业增长的两大关键思维

在强大的网络效应中，公司管理充满了挑战性，因为即时反馈循环系统会加速改变：似乎就在一瞬间，现金支付消失了；像娱乐应用程序抖音和电商公司拼多多这样的平台，一夜之间能收获数以亿计的用户。但网络效应也会阻碍改变：网络效应让一部分平台数十年稳居行业主导地位。网络效应既能引发动荡，也能让一方城池固若金汤；它既能带来大量的变革性机遇，也可能会形成难以撼动的竞争格局。在这样的环境中，你应该用什么样的思维管理公司？我认为想象力和警觉性是两个最重要的法宝。

放飞想象力的翅膀吧

人们普遍认为，网络效应是一成不变的，有就是有，没有就是没有。这种思维过于狭隘了。很多公司会通过在没有网络效应的领域创造网络效应来获得竞争优势。还有一些公司会通过加强已有的网络效应来获得成功。苹果公司的视频通话服务 FaceTime 为苹果手机和 iPad 用户创造了网络

效应。优步拼车（UberX Share）在顺路的乘客之间创建了网络效应。

当你思考该如何利用网络效应提升用户的支付意愿时，不要只专注于所在行业的现状。不要在乎你的行业现在有没有从网络效应中受益，而应该从使用你的产品的用户的角度去思考。如果有更多的人使用同样的产品，已拥有该产品的用户会如何从中受益？放飞想象力的翅膀吧。

警觉性，对可能的异军突起保持关注

尽管你的公司没有创造网络效应的机会，但其他公司可能会捷足先登。因为网络效应能带来显著的先入者优势，所以能够及时发现可用来崭露头角的网络和平台是至关重要的。不仅要密切关注你的竞争对手，还要关注你的供应商。近些年的商业进程让我们看到，后者很可能会异军突起，变得尤其强大。线上平台对于很多供应链来说依然是比较新的概念。然而一旦形成，它们将难以被取代，而且很有可能会拿走很大一部分属于你的利润。在美国处于行业领先地位的餐厅预订服务平台 OpenTable 就是一个很好的例子。这个平台向使用它的餐厅索取固定的月费并在每次预订服务中抽取提成。[20] 对于利润率普遍在 5% 左右的行业来说，在 OpenTable 上完成一单预定最多可以吞噬掉餐厅 40% 的利润①。[21]

然而餐厅没有选择的余地，因为对于很多食客来说，OpenTable 上没有显示的餐厅就等于不存在。21 世纪初，其他一些相继进入市场的竞争平台，如 Resy、Reserve 及 Tock 都没能成功。“当 Resy 上只有 10 家餐

① 这对于成功的平台来说并不罕见。如线上旅行社会向酒店收取 15% 的佣金，相当于酒店净利润的 35%。

厅时，你肯定不愿意冒着收入损失的风险去尝试，”达拉斯餐厅老板布鲁克斯·安德森（Brooks Anderson）这样说道，“OpenTable 像可口可乐一样无处不在。大家都不敢更换平台。”[22] 餐厅吸取了深刻的教训，从个体角度来看非常合理的行为（每个人都想使用最大的平台）却给行业整体带来了巨大挑战。允许一个平台成为主导力量是一个严重的战略错误。

我发现很多时候我们对身边的网络效应已经习以为常，并没有感受到它的存在。还记得曾经我们需要去图书馆查找信息吗？还记得我们需要翻同学录和电话本来找寻某位高中同学吗？还记得曾经预测交通状况只是门艺术而完全没有科学性可言吗？曾经我们要一家店一家店地逛，只为找到心仪的产品。很多对我们当前的生活和工作有着重要影响的企业，都有网络效应的支撑。技术让社会进步变得可能，但网络效应才是促使这些公司创立的主要因素，网络效应让它们得以吸引人才和资金，进而将服务规模化。

简单的战略

三大网络效应方法论，做能脱颖而出的赢家

在思考网络效应的时候，以下几点尤为重要：

- **网络效应通过 3 种方式提升用户的支付意愿：直接连接用户；通过互补品连接用户；通过平台连接用户。**公司通过创建网络效应来提升支付意愿，同时限制竞争。
- **市场份额不足以反应利润率。**市场份额永远不应该被当作战略目标。但是有网络效应的市场是个例外。用户数量越多、市场份额越高，公司越能从网络效应中受益。
- Facebook **式的"赢家通吃"的局面是罕见的。**有意思的是，地域既会限制也能加强网络效应的战略价值。如果网络效应在本质上是地域性的，那么不同的公司可以在各自的市场中独领风骚。但如果市场规模足够小，就很可能会发生倾斜，形成一家独大的局面。最终的结果就是各个市场的赢家形成了多足鼎立的局面。

网络效应的负面影响是它阻碍了竞争。关于像 Facebook、谷歌和阿里巴巴这样的公司是否"规模过大"的问题一直引发着热议。[23] 要解决这一问题，我们需要在由网络效应产生的用户愉悦感和限制竞争产生的成本之间进行权衡。这当然不是什么新问

题。在像铁路、公用事业这样的自然垄断产业中，规模产生的优势让其他公司无法与一些主导性公司竞争，因此对于这些公司的监管也需要进行相似的取舍。然而两者之间有一个重要的区别，那就是昔日的垄断行业利用它们的市场支配力故意拉高价格，这会导致用户愉悦感的下降，而现在的公司普遍采取的是相反的战略。低廉的价格对竞争和创新的阻碍是否已经严重到了需要放弃一些由网络效应所带来的直接利益的程度，我们尚且不知。

09

弱势者聪明的增长战略

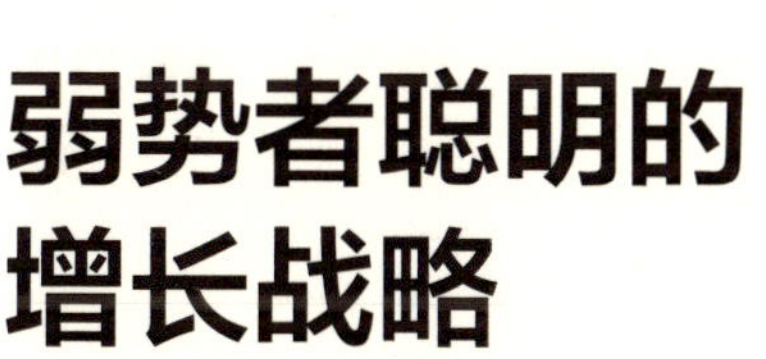

网络效应可以惠及大公司及其用户。谁先形成规模谁就能获得显著的优势。建立具有网络效应的业务是一场疯狂的奔袭。但那些被甩在后面的公司怎么办？小公司怎么办？有没有适用于用户数量有限的公司的有效战略呢？有！历史上有很多小公司成功逆袭打败（甚至取代）在网络效应中受益的大公司的实例。有些小公司成功为用户创造了与规模无关的愉悦感；还有些公司通过倾向于平台上的某个用户群体而大获成功；还有一些公司是通过为一小部分用户服务而获得出色业绩的。接下来，让我们通过几个例子来进一步了解这 3 种战略。

创造与规模无关的用户愉悦感

这个战略其实在前面的章节中已经出现过。还记得最初作为一家小型初创公司的淘宝网，是如何与当时占据中国市场 85% 份额的平台霸主 eBay 竞争的吗？淘宝网的成功之所以出乎人们的意料，是因为像 eBay 这样的平台已经享有网络效应。事实上，也正是这些网络效应让时任 eBay 首席执行官梅格・惠特曼坚信自己能赢得中国市场。

从淘宝网的角度来看，当时的竞争局面看起来一定是令人生畏的，因为竞争对手 eBay 的商家数量和用户支付意愿都远远超过自己（图 9-1）。eBay 作为市场的先行者，已经吸引了大量用户，这些用户又吸引了更多的商家进驻平台。这其实是最经典的网络效应故事。淘宝网还怎么能追赶得上？它是通过寻找其他的方式来提升支付意愿的！淘宝网通过一系列的周边服务，如支付宝、阿里旺旺，以及出色的网页设计和双向评分机制，增加了用户愉悦感，并最终具备了与 eBay 相同的取悦用户的能力。淘宝网就这样通过提供一系列规模以外的功能取悦了用户，追赶并最终超过了 eBay。

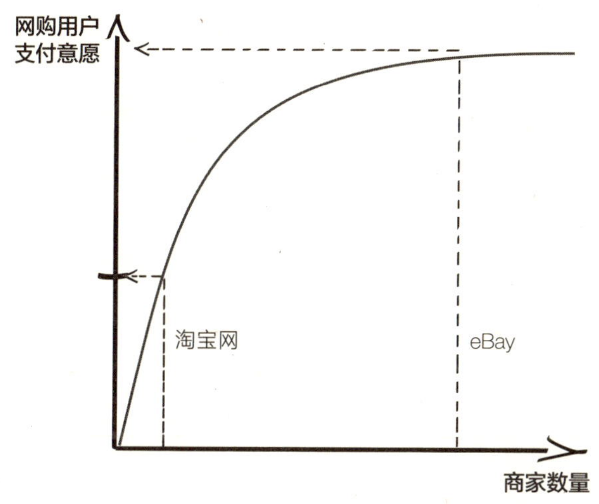

图 9-1 初生的淘宝网与强大的竞争对手 eBay

网络效应虽然强大，但是我们不要忘记，支付意愿和用户愉悦感才是市场竞争的“硬通货”。从这个角度来看，网络效应其实并没有什么神奇之处。[1] 由网络效应所提升的支付意愿并不比由好的想法、更舒适的用户体验或更低廉的互补品所提升的支付意愿更有价值。

偏向平台的某个用户群体

2015 年 10 月 8 日，对于美国著名手工艺品线上交易市场 Etsy 来说是黑暗的一天。就在这一天，亚马逊在其平台上推出了手工艺品交易服务模块 Handmade，形成了与 Etsy 业务的正面竞争。“亚马逊推出了 Etsy 克星。”《今日美国》惊呼道，Etsy 的股价下跌 6%。[2]亚马逊的优势是显而易见的。“Etsy 有理由担心，”美国全国广播公司商业频道（CNBC）的凯瑟琳·克利福德（Catherine Clifford）解释道，“虽然 Etsy 已经与手工制造运动有了比较强的品牌联想，但是亚马逊的用户基础及它给手工制作人所带来的宣传效应，要比 Etsy 大得多。亚马逊有大约 2.85 亿活跃买家，Etsy 却只有不到 2 200 万活跃买家。”[3]别忘了：**平台竞争，规模胜。**

事实未必如此？在亚马逊加入后的 5 年里，Etsy 的营收变为之前的 2 倍多，股价变为之前的 10 倍。Etsy 和亚马逊的手工品交易平台能够和平共处的一个原因是它们分别倾向于不同的用户群体。亚马逊是坚定地站在买家这边的，其业务里的每个功能都是为买家设计的。而 Etsy 却着重保护手工艺人，为工艺运动服务的。这种方向上的差异体现在不同的方面。Etsy 向卖家收取很低的费用并且在买家付款后迅速放款给卖家，但亚马逊则会将款项先留存一段时间。Etsy 长期以来一直支持手工艺运动，参与组织了很多卖家教育活动和社区支持活动。当 Etsy 在 2015 年上市时，公司还为卖家提供了首次公开募股前参与计划。亚马逊坚持由自己控制卖家和顾客之间的对话和互动，而 Etsy 上的手工艺人却能够获得顾客的联系方式，还可以在自己寄出的货品里附加宣传材料。[4]莱拉·巴克（Lela Barker）是 Etsy 上的一位卖家，她这样解释两者的根本区别：“最终的结果是，Etsy 培养出了一代成熟的手工艺人，而现在亚马逊可以通过这些手工艺人赚钱了。虽然对于亚马逊来说这是一个很棒的商业行为，但是手工艺人群体并没有从中获得更大的利益。恐怕手工艺人对于亚马逊来说只是美元符号而已。”[5] 罗宾·罗曼（Robin Romain）同时在两个平台上售卖她自己制作的独特的宠物爱好者服装和饰品，她补充道："亚马逊永远都站在买家那一边，这有时会损害卖家的利益，尤其是对于定制化产品的交易来说。"[6]

一般情况下，平台同时为多个用户群体服务，虽然很多平台声称自己可以为所有群体创造价值，但它们的一些战略选择会暴露其侧重的群体。按利润率对酒店进行排名的旅游网站，倾向的是酒店行业；而按用户评价对酒店进行排名的旅游网站倾向的群体则刚好相反。以买家为中心的平台和卖家主导型平台在 B2B 交易中有着尤为明显的差别。在一个极端，采购平台通过在购买流程中创造更大的便利来为买家服务。而在另一个极端，以卖家为中心的平台通常如公司名录一般。有些平台的侧重点也会随时间改变。以阿里巴巴为例，最开始它倾向于卖家，而随着时间的推移逐渐倾向于买家。[7] 当买家主导型平台与卖家主导型平台在一个市场中同台竞技时，任何一方都不能完全忽略另一方的主要用户群体。[8] 自从与亚马逊 Handmade 展开竞争以来，Etsy 已经不那么倾向于卖家了。在很多决定上它都在效仿亚马逊的做法，如提供免运费服务。然而即使两者有越来越多的相似之处，两者之间的基础性差异依然存在。

如果你是一家准备与大平台抗衡的小公司，那么你有必要问自己这样一个问题：**是否能够通过倾向于你的竞争对手不那么重视的客户群体，进而提升该群体的支付意愿来创造你的差异化优势？** Etsy 就是通过这种方式在与霸主亚马逊的竞争中取得胜利的，它会对卖家保持高度专注。

为一小部分用户服务

在与享有网络效应的规模较大的对手竞争时，这一战略可能是最有违常理的。怎样才能以小胜大？我们来看一个婚恋网站的例子。Match.com 是在美国处于领先地位的线上交友网站，月访客量达到 3 500 万，远超竞争对手。[9] eHarmony 就是其竞争对手之一。然而 eHarmony 存活了下来。不仅如此，它甚至还能在可供选择的潜在约会对象数量少得多的情况下，向用户收取溢价。[10] 更让人不可思议的是，eHarmony 甚至都未提供搜索这样的基本服务，并且还限制用户每日可见的约会对象人数。这怎么会是成功的秘方呢？

要想理解 eHarmony 的成功，我们要先想一下当交友网站开始吸引越来越多的用户时会发生什么。随着会员人数的增加，不同会员群体的支付意愿会被拉向相反方向。[11] 对于想找女性约会的男性来说，他们的支付意愿会随着女性成员的增加而得以提升。这是经典的网络效应，有时被称为跨边网络效应，因为它描述的是平台上不同用户群体间的联系。相反，当平台上有更多的男性加入时，想找女性约会的男性的支付意愿会随之下降，因为更多的男性成员意味着更大的竞争，此时同边网络效应为负（图 9-2）。

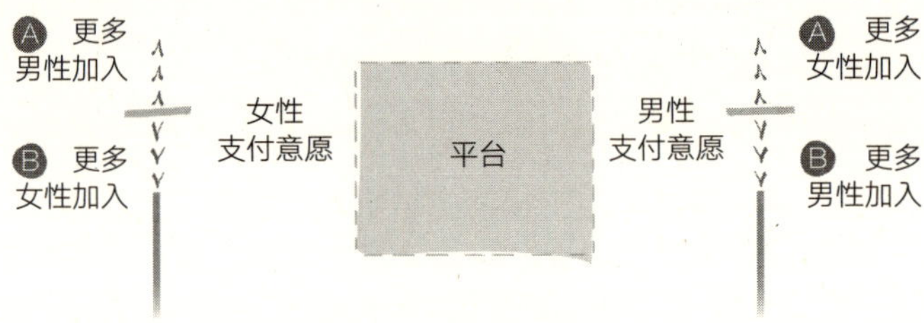

A **跨边网络效应**：更多的潜在匹配对象选择会提升支付意愿

B **同边网络效应**：潜在追求者之间更大的竞争会降低支付意愿

图 9-2　同边网络效应和跨边网络效应

像 Match.com 这样的超大型网站，虽然能提供数以百万项的选择，但同时竞争也会非常激烈。而在 eHarmony 这样的规模相对较小的网站上，两种效应都比较适中。用户会通过权衡选择与竞争来选择自己更喜欢的网站。假如有这样一位潜在用户，他将找到人生伴侣视为最重要的目标，那么稳定且认真的感情能给予他最大的快乐，而被拒绝时则尤为痛苦。对于这个人来说，eHarmony 会是更好的选择。因为 eHarmony 可以通过不提供搜索功能和限制每日可见的约会对象数量，有效地控制平台的竞争。

现在我们再来看另一位潜在用户，对于这个人来说是否有伴侣都同样快乐。被拒绝时虽然也不好受，但不会有太大的影响。这个人看到 eHarmony 这样的模式时会想："为什么我付更多的钱却获得了更少的选择？" eHarmony 的定价策略就是在引导用户选择他们更喜欢的网站。那些寻求稳定关系的人会涌向 eHarmony，于是便会进一步优化他们在网站上的体验。安杰拉・G.（Angela G.）就是一个典型的例子："我特别喜欢 eHarmony。我在其他网站上，包括 Match.com 或者 Plenty of Fish 都没有取得成功，但是在 eHarmony 上得到了真正的结果。它真的会给你推荐适合你的人。"[12] 通过这个例子我们得到的关键结论是，每个大平台都服务于很多不同的用户群体。然而不同用户群体之间的吸引力各有不同，因此如果能建立起一个可使用户之间形成高契合度的更小的平台，便是一个大有可为的战略。

忽视平台上不同群体之间的吸引力的差异会造成十分严重的后果。还记得 Facebook 诞生之前的社交平台 Friendster 吗？ Friendster 曾经非常受欢迎，甚至都无法为所有想注册的人提供服务。这个平台当时缺乏足够的技术和财务能力来满足不断增加的用户量需求。"Friendster 当时出现了很多技术性问题，"公司联合创始人乔纳森・艾布拉姆斯（Jonathan

Abrams）回忆道，“整整两年，人们几乎无法登录网站。”[13] 为了解决这一困境，Friendster 决定以先到先得的方式注册新用户，这是个巨大的错误，因为网站的用户遍布不同地区。Friendster 在北美有很多拥护者，而且它在印度尼西亚也很受欢迎。在平台上增加印度尼西亚的用户数量并不会提高大部分美国人的支付意愿，因为他们没有印度尼西亚的朋友；同样，越来越多的美国用户对于大多数印度尼西亚人来说也毫无意义。Friendster 以先到先得的方式为新用户提供注册服务，其实是在稀释自己的网络效应。这对于当时已经身陷激烈竞争的 Friendster 来说无疑是雪上加霜。如果我们把 Friendster 和 Facebook 进行对比，后者最开始只专注于一所大学的用户，随后有选择性地拓展到几所大学，以此建立强大的网络效应。Facebook 之所以最终得以称霸世界，正是因为它最初就有意识地在限制增长速度，它先创立了一种成员之间具有高契合度、彼此吸引的小社群。

印度社交网络 ShareChat 通过提供 14 种方言的服务，实施了同样的战略。“印度网民已经很难在不同的方言内容里搜索信息了，”公司的联合创始人、首席执行官安卡什·塞奇德瓦（Ankush Sachdeva）解释道，“像 Quora 或 Reddit 这样的平台为英语用户解决了问题，然而却没有一个采用类似模式的正规平台是为印度方言用户服务的。”[14] 凭借对小语种方言和内容的专注，已经获得 Twitter 投资的 ShareChat 的月活跃用户达 1.6 亿，它在印度的受欢迎程度已接近 Instagram。[15]

为了加强平台上较小客户群体之间的相互吸引，有些公司非常巧妙地将服务进行了细分。例如，伊斯坦布尔的 MAC 运动俱乐部向受众提供了 3 种类型的俱乐部。最高级别的会员对健美有着较高的支付意愿，因此他们需要支付溢价才能使用尤其具有吸引力的设施。MAC 同时也向那些想为公司最高端的用户服务的私人教练收取溢价。这种把有着相同健身理念的用户和私人教练进行匹配的做法，对于双方来说都是极具魅力的。

对于正在试图创建能受益于网络效应的业务的你来说，“专注于数量有限的一部分用户”也许并不是最直观的建议，但它却不失为一个好建议。通过有选择性地为一部分最能从彼此的连接中受益的用户服务，你也许能与比自己大得多的平台一较高下。

简单的战略

3 个竞争法则，帮你在巨大的阻力中存活下来

在早期研究网络效应所惠及的公司时，很多投资人认为这些公司一定会主导各自所在的市场。不考虑利润率一味快速扩张规模成了当时的口号。[16] 这种做法是完全错误的，原因有二。第一，在第 8 章中我们观察到，地域通常会限制网络效应。第二，在本章中我们看到，通常存在网络效应的市场中依然存在着竞争性，因为小公司能找到存活下来的方式。

- **弱势者通过与规模无关的方式提升支付意愿。**网络效应只是提升支付意愿的方式之一，除此之外还有很多其他方式。只要这些方式不需要大额投资，小公司在运用它们时就不会处于劣势地位。
- **弱势者为不受重视的群体服务。**大部分平台都会倾向于某个用户群体，买家或卖家。通过为不受重视的群体服务可以形成显著的差异性。
- **弱势者专注于特别在意彼此间的联系的一小部分用户群体。**用户数量通常被用来衡量网络效应的强度，然而这是错误的。在实践中，与不同群体的联系对于用户来说有着不同的价值。主流平台总是炫耀自己的用户数量之多，而小公司却可以建立注重高价值联系的业务。

Better, Simpler Strategy

第三部分

为员工和供应商创造价值，才会激发更多新机遇

聪明的公司总能使
工作更具吸引力。

Better,
Simpler Strategy

10

聆听的力量，为员工创造薪酬之外的价值

在前几章中我们探索了公司提升支付意愿的主要方式，包括更具吸引力的产品、互补品，以及网络效应。现在我们转向价值棒的底部，看看公司是如何通过为员工和供应商创造价值来改善财务表现的。

我们先来看员工。服务业主导着发达经济体，例如，在美国服务业贡献了 80% 的国内生产总值，而在服务业中，无论是为用户提供服务的成本还是为用户创造的价值都在很大程度上受到员工积极性的影响。如何吸引一批既有能力又有动力的员工？员工从工作中获得的愉悦感和满意度来自他们所获得的薪酬与他们的销售意愿之差。如果一家公司付给员工的薪酬是能够留住他们的最低水平，也就是薪酬与销售意愿持平，那么这家公司可以通过加薪或提高工作的吸引力来提升员工的满意度。

乍一看，更丰厚的薪酬和改善工作条件所产生的效果是一样的：创造更高的员工满意度（图 10-1）。虽然最终结果也许相同，但两个战略之间却有着重要的差异。更高的薪酬会降低公司的利润率。在这个过程中没有价值的创造，只有价值的再分配。相比之下，更具吸引力的工作条件通过降低销售意愿（也就是员工愿意接受的最低薪酬）创造了更多的价值。

如果能找到降低员工销售意愿的办法，公司不仅能拥有满意度更高的员工，还能吸引那些尤其看重公司所提供的用来降低员工销售意愿的工作条件的人才。例如，位于美国佛罗里达州的一家运营医院和门诊中心的公司 BayCare，一直以来在员工培训质量方面得到了全美国认可。[1] 它的创新项目包括个人学习地图，以及定期与资深领导进行交流互动。不出所料，BayCare 对于特别看重持续培训和教育的医护人员尤其具有吸引力。优步是另一个例子，它也同样受益于选择效应。优步通过记录乘客的身份信息及允许司机对乘客进行评分的机制为司机提供了更安全的工作环境。正因如此，优步的女性司机数量几乎是美国普通出租车公司的 2 倍。[2]

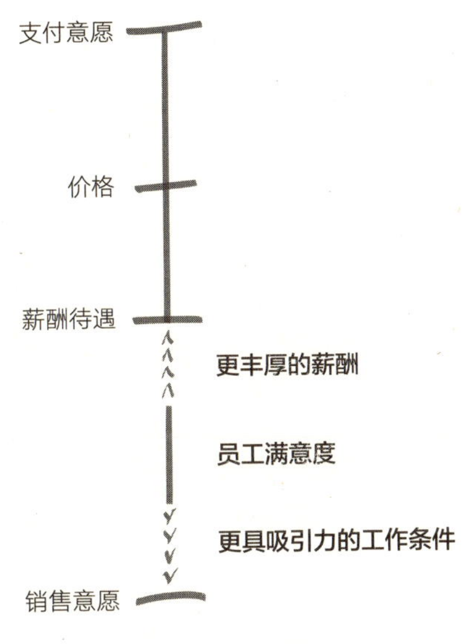

图 10-1 提升员工满意度的方式

这种选择效应如果能够帮助公司留住和吸引才华横溢的员工，那么这些员工就是尤为可贵的。我们都知道，这些人才能发挥重要的作用。美国诺德斯特龙百货公司最优秀的销售人员的销售额是其他员工平均销售额的 8 倍。苹果公司最优秀的开发人员的生产率接近技术行业软件工程师平均生产率的 9 倍。[3] 然而那些靠高薪来竞争人才的公司却看不到选择效应的作用。为什么？因为每个人都喜欢钱！

虽然以薪酬为主导的人才战略无法带来有力的选择效应，然而金钱的普遍吸引力当然也是有其优势的。但是我们很容易高估加薪的力量，尤其是对于薪酬水平已经较好的员工来说。当德国联邦铁路公司让员工从薪酬增加 2.6%、每周减少一小时工作时间，以及增加 6 天的年假时间中做选择时，58% 的员工选择了减少每周工作时间的选项。[4] 用金钱换时间的做法现在越来越受欢迎，尤其是在发达经济体和较年轻的员工群体中[①]。[5]

任何一个能改善工作条件的举措都能创造价值。然而如果项目成本过高，那么对于公司来说捕获价值又会变得更加困难，因为随着销售意愿的降低，成本会增加。在本章中，我们将共同探索既能让公司创造价值又能让它在人才战略中捕获价值的机制。

奎斯特诊断公司的工作变革

当玛丽安·卡马乔（MaryAnn Camacho）第一次走进奎斯特诊断公司（Quest Diagnostics. 下文简称“奎斯特”）的呼叫中心时，她立刻注意到有一大群人正在一旁等待。[6] 那天晚些时候，她被告知这些神情十分紧张的人是新来的客服代表，大概 50 人。作为营收接近 80 亿美元的世界领先临床诊断公司奎斯特的高级执行总监，卡马乔感到困惑：“在一个拥有 400 名员工的呼叫中心有 50 位新入职的客服代表？”卡马乔很快就了解到了公司面临很严重的员工流失问题，60% 的客服代表在第一年离职，这给奎斯特造成每年超过 5 000 万美元的成本。更严重的是，高员工流失率还导致服务质量一塌糊涂，甚至造成了用户流失。

---

① 薪酬依然是低收入员工最看重的要素。

价值战略法则

Better, Simpler Strategy

提升员工的价值，结束奎斯特的恶性循环

奎斯特呼叫中心的工作一向不容易完成（2020 年全球暴发新冠肺炎疫情对于奎斯特来说更是雪上加霜）。呼叫中心的 850 名客服代表及 50 名主管每天要接听约 55 000 通电话，其中大部分与患者的检测结果有关。与医生和医院进行的对话通常有一定的技术性，因此要求客服代表要对检测流程及奎斯特的 3 000 多个诊断测试有基本的理解。公司为新的客服代表提供了为期 6 周的课堂培训，并要求每位新员工在完成初始培训后与一位有经验的老员工一起工作两周。2015 年，当卡马乔加入奎斯特时，公司的基本薪酬为每小时 13 美元，这个薪酬水平高于其他呼叫中心。当时奎斯特衡量绩效的指标包括呼叫等候时间和每小时完成的呼叫数量。表现好的客服代表将在第一年结束后获得 2.5% 的加薪。虽然奎斯特引入了一系列激励措施，但呼叫质量依然很糟，经常让医生和患者感到很不满意。

想象一下假如你是卡马乔，你会如何扭转这个呼叫中心的局面？你是否能够通过降低成本，甚至是提升用户的支付意愿创造竞争优势？在卡马乔的领导下，呼叫中心进行了深度改革。员工流失率从 34% 下降到 16%，无计划缺勤率从 12.4% 下降到 4.2%。60 秒以内接听的电话比例从 50% 增加到 70%。甚至首次呼叫完成率和每小时联络次数也增加了。改革的基石显而易见：更具

吸引力的工作条件。为了营造一个更好的工作环境，卡马乔和她的团队借鉴了一个被很多公司证明过的成功流程中的元素。[7]

奎斯特呼叫中心改革

- **打破循环**：奎斯特当时陷入了恶性循环。糟糕的呼叫中心业绩造成高的员工流失率，这也就让呼叫中心更加难以为员工投资。卡马乔要找到打破这个循环的方式。为此，她提升了每个人的基本薪酬并引进激励措施奖励工作任期和在职表现，这成功打破了恶性循环。奎斯特还为呼叫中心的员工铺设了清晰的职业路径，为他们提供长远规划。在每月的绩效评估中，主管会与每名客服代表讨论绩效、个人目标，以及职业轨迹。
- **高预期**：卡马乔明确表明了她的高预期。她放宽了呼叫中心的业绩指标，还制定了更加严格的考勤制度。“你不能让无所作为的人继续待在这里，因为他们会成为团队的毒瘤。”她解释道。[8]
- **让工作变得更容易**：为了让工作更容易，公司设立了更多的顾客自助选项，将呼叫量减少了 10%。奎斯特还在每个团队中增加了一名具有更深层的专业技术能力的主题内容专家。
- **能力建设**：由于员工流失率的下降，培训有了更大的意义，奎斯特把焦点再次放在用户身上。“以前的培训是以功能为基础的，”奎斯特培训方面的主要负责人这样说，“我们现在可以在培训中向员工介绍工作背后的‘为什么’。”[9] 员工们可以申请成为新成立的奎斯特管理系统（QMS）的成员。QMS 是一个有助于持续改善技巧的专业资源库，在申请加入 QMS 时，客服代表需要提出 7 项有关流程改进的建议。

进入 QMS 后，成员将学习 Excel、数据收集、根本性问题解决、制作甘特图，以及管理会议和变革的技巧。呼叫中心的各个团队还可以通过竞争成为“模范部落”：负责提供并实行流程改进的团队。“每一位主管都渴望能获得投资和培训，并相信自己能胜任‘模范部落’的称号，他们太让我们震惊了，”卡马乔回忆说，“这些主管在说到自己的组员时甚至眼含热泪：‘我不知道他们有这样的潜力。我简直无法相信自己的眼睛。’然后我说：‘你知道吗，你对他们委以重任，他们便会迎难而上。’”[10]

- **落实变革：** QMS 和模范部落很快找到了让工作更容易、更高效的方法。双语客服代表现在能提前收到顾客首选语言的通知，为每次通话节约了 20 秒左右的时间；客服代表从自己的电脑上就可以直接发送传真，而不需要使用位于办公区中央的传真机；当呼叫医生时，呼叫信息中会附有患者编号，以便在医生回电话时能更方便地调出相关检测报告。模范部落试行过的最佳方法很快便会落实到整个系统，创造出高度可视的变革和势头。

还有一些宝贵的建议来自一线人员建议卡（Frontline Idea Cards，FICs）。蔡内普·托恩（Zeynep Ton）教授在研究奎斯特的变革时曾经采访过呼叫中心的客服代表，他们当中很多人在提及这些卡片时都非常兴奋。其中一位客服代表这样形容当时大家的普遍反应："FICs 是最重要的变革，它让我们有机会说：'嘿，我们需要人或工具来帮助我们。我们需要工具或流程来帮助我们。'同时我们也能参与其中，促成改变。"另一位客服代表说："在 FICs 实行以前，你感觉自己的意见从来不会被人倾听。你会和某人提出某些意见，但是最后并没有得到反馈。现在我感觉管理层真正在乎我们的想法和感受了。"[11]

- **转移自主权**：奎斯特通过自下而上的做法有意识地将持续改变的责任转移到了每一名客服代表和每个团队的肩上。模范部落每天进行一次碰头会，由团队主管选出的客服代表主持。托恩对此进行了描述："最初，客服代表不知道该怎么做，然而随着时间的推移，这些碰头会越来越有条理了。团队成员会讨论业绩指标、改进建议，以及正在进行的项目。"[12]
- **肯定成绩**：奎斯特通过金钱奖励（如公司设立了一个 6% 的奖金池）及其他具有象征意义的奖励方式来肯定出色的表现。Wow calls 奖励的是受到顾客表扬的员工。百分俱乐部的成员（在监控呼叫中取得满分的客服代表）能得到一份免费的零食。具有影响力的 FICs 也会获得小礼品。

在研究奎斯特的变革时，托恩教授赞赏了它对“理想工作战略”教科书式的应用：“这个战略将对员工的投资与 4 个运营选择相结合，以提高生产率、贡献率和动力，进而创造非凡的价值。这 4 个运营选择分别是：专注和简化、标准化和赋权、交叉培训，以及灵活运营。”[13]

销售意愿和生产率

奎斯特的变革中有两点观察结果尤其有趣。第一，奎斯特的变革中没有一项举措是我们没听过的，这里没有前所未有的创新。奎斯特的改革之旅中的很多步骤都是研究服务质量的学者所熟知的。改变组织所需要的是有意识且谨慎地创造出一个更具吸引力的工作环境，以此来显著降低员工的销售意愿。通过在降低销售意愿的同时提高薪酬水平，奎斯特创造了更高的员工满意度，进而大幅度降低了员工流失率。

第二，奎斯特的改革很好地向我们展示了改变销售意愿通常会带来成本上的改变。奎斯特之所以能给客服代表支付更高的薪酬并且控制开销，是因为它提升了所有呼叫中心客服代表的生产率。①奎斯特的财务数据显示，

---

① 价值棒描述的是一个产出单位，在奎斯特的案例中，价值棒代表的是一通电话。如果生产率提高了，如使电话时长缩短了，那么每通电话的销售意愿和成本会同时降低。直觉告诉我们，销售意愿，也就是一位员工能接受的最低薪酬，会随着工作时间的缩短而降低。假如我让你接 20 通电话，那么你对半天就能打完的 20 通电话的销售意愿要低于需要一整天才能打完的 20 通电话的销售意愿。

公司的每次呼叫成本并没有变化。也就是说，公司把通过提高效率创造的全部价值都分配给了员工，也正是这些员工想出了所有提高工作效率的方法（图 10-2）。

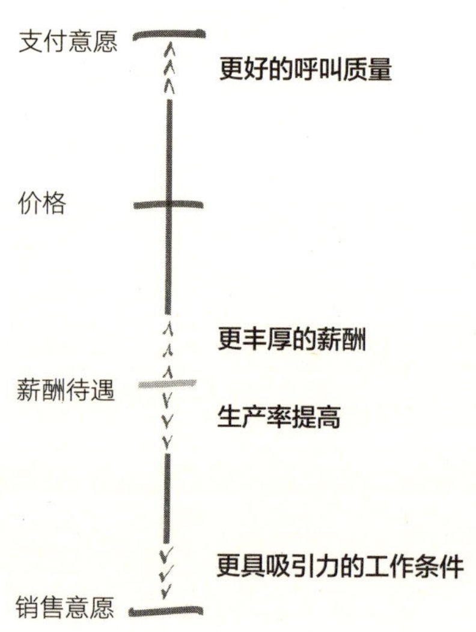

图 10-2　生产率的提高可以降低销售意愿并提升支付意愿

与很多服务场景一样，更好的工作条件也会影响服务质量和用户的支付意愿。"以前我会收到来自商务团队的电话或者邮件：'嘿，你们呼叫中心又搞砸了我的一个客户关系，我又丢了一笔价值百万的生意。'现在这种情况已经完全没有了。"卡马乔的老板吉姆·戴维斯（Jim Davis）这样说道。[14] 虽然我们很难精确地进行测量，然而得到改善的呼叫质量很可能意味着奎斯特的改革为所有人都创造了幸福感：为客服人员带来了更具吸引力的工作条件和更高的薪酬水平；为公司带来了更好的财务业绩。

让工作更具吸引力比单纯改进某个流程更有意义

降低员工销售意愿的方法有很多。但要想识别使用这些方法的机会，你要具体理解组织内的工作性质，每项工作所带来的愉悦感和挑战，以及员工在面对工作流程改变时可能会有的反应。就像寻找提升支付意愿的方式需要我们深入了解用户一样，寻找降低销售意愿的途径也需要你与你的员工及其（工作）生活保持紧密的联系。我们在第 4 章中可以看到，只把眼光放在产品和销售额上，远没有把眼光放宽，关注用户的整体体验有效。对于销售意愿来说也是如此。使工作更具吸引力要比单纯地改进某个流程更具广泛的意义，因为工作远不止我们每天上班时所完成的那些任务。广义的工作包含给予反馈的语气、与同事之间的欢声笑语、面对困难时的忐忑不安、通勤路途、食堂的食品选择、每天早上当我们换衣服准备出门时的兴奋感（或者痛苦）。所有这些工作的方方面面都可以被改善。

以美国零售服装公司盖璞（Gap Inc.）为例，它拥有 13.5 万名员工，其中很多为兼职员工。[15] 要提高员工满意度，我们自然会想到盖璞应该为员工提供超出行业平均水平的薪酬和更多的培训机会，以及赋权给门店经理以便能更有效地激励员工。然而盖璞选择的却是通常不被零售公司所关注，但对于兼职员工来说非常重要的一个领域：可预测且固定的工作时间。在零售业中，80% 的兼职员工声称他们的工作时间每周都会改变，而且改变的幅度还非常大。平均工作时间出现 40% 的波动都是很正常的。与此同时，超过 1/3 的零售业员工仅在一周或更短的时间内才会得知自己的工作安排，这让兼职员工很难提前做计划。[16]

为了改善公司员工的生活，盖璞与一个劳动力市场专家团队进行了紧密的合作。这些调查人员让一群从旧金山和芝加哥随机抽选出来的实体店经理做出 4 种改变：将每个工作班次的开始时间和结束时间标准化（以前这些时间每天不同或每周不同，这取决于门店的客流量）；每周给员工安排同样的班次；为核心团队员工提供至少 20 小时的工作时间；允许员工之间通过 Shift Messenger 换班，Shift Messenger 是专门为员工换班而开发的应用程序。[17] 结果如何？与没有参与为期 10 个月的实验的实体店相比，这些实体店的员工生产率提高了 6.8%，销售额提高了接近 300 万美元。Shift Messenger 的作用尤其显著。在实验期间，2/3 的员工使用了这款应用程序，调换的班次数量达 5 000 个。这款应用程序还可以让实体店经理收回员工不想要的班次，这样既能有效地减少员工数量，又不会因意外造成员工收入发生变化。[18] 盖璞的干预手段不仅提升了员工的生产率，员工也普遍反馈自己有了更好的身体状态和更高的睡眠质量。[19]

盖璞的实验给我们上了重要的一课，这对于零售行业以外的其他行业来说也同样具有借鉴意义。销售意愿反映的是每一项与工作相关的活动。全面且深入地了解员工的工作生活能为我们带来很多提高员工满意度的机会。

薪酬待遇，千万不要只知道“付市场价”

我觉得研究公司的定价策略总是有无穷无尽的乐趣。在与市场营销部门高管的对话中，我经常问他们公司的定价策略是什么。他们的回答里通常都会有“溢价”“价格领导力”“以价值为基础的定价”，以及其他类似的概念。而当我询问人力资源部门负责人他们的薪酬策略时，他们的回答几乎如出一辙：“我们付市场价。”

这种反差就很有意思。当我们给产品和服务定价时，我们想的是差异化。我们的想法是用户会为好的产品支付高的费用，而质量一般的产品则对应更优惠的价格。我们知道没有哪两个产品是完全一样的，因此价格反映着产品之间的差异。如果雀巢能把我们众所周知的大宗商品，如饮用水以溢价卖出，那么在用户的思维里就没有什么产品是不能被差异化的了。

然而，工作岗位却似乎并不是这样的。当思考公司的人才竞争时，我们的出发点是把工作视为大宗商品，认为不同公司的相同工种的工作都差不多。所以我们需要“付市场价”，也就是给（假定）几乎完全一样的工作支付相似的薪酬。为什么我们对产品和工作的看法如此不同？如果我们能把饮用水进行差异化定位，难道不是应该会有更大的为员工提供差异化的工作岗位和工作体验的空间吗？而这些差异化不是应该体现在薪酬策略上吗？

数据显示，上述问题的答案是肯定的。美国公司的薪酬规律明确显示，公司对相似的工作岗位所支付的薪酬有着巨大的差异。图 10-3 显示了在本地市场中薪酬水平高于或低于行业平均水平的员工比例。[20]

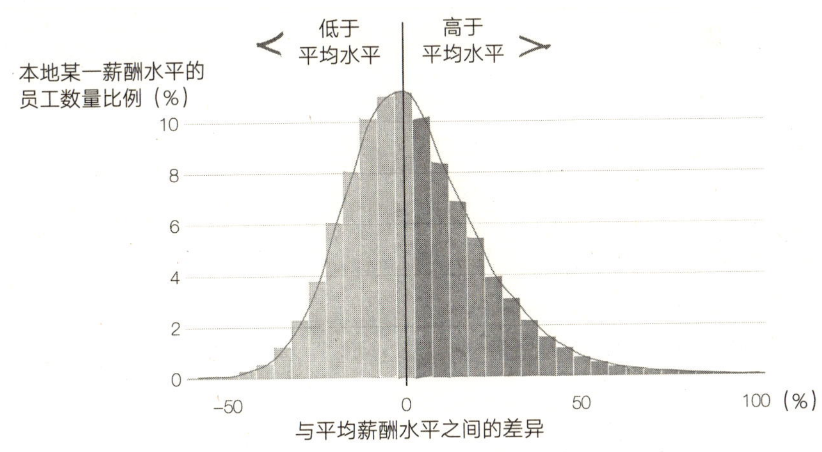

图 10-3　同一市场中相同职业的薪酬差异

差异是巨大的。如图 10-3 所示，处于 0 位置的这条线让我们看到公司支付高于或低于行业平均水平 20% 的薪酬都不是什么奇怪的事。当然，这些差异背后的原因有很多。同一职业的员工有着不同的受教育程度、工作经验，以及对工作负责任的态度。公司也有不同的管理风格和企业文化。与此同时，某个人的能力与工作岗位要求之间的匹配度在公司间也有显著差异。通过对这 3 种差异（员工技能、公司特点，以及员工与岗位的匹配度）进行的独立研究发现，20%（美国）～ 30%（法国、巴西）的差异源于公司自身的特点。[21] 如果你还在怀疑是不是真的有公司能以比对手低得多的薪酬吸引到质量相同的人才，数据已经给出了明确的答案：很多公司都做到了。怎么做到的？通过采取一系列举措降低员工的销售意愿。

要想在人才市场中更具竞争力，公司的确需要“匹配”竞争对手给出的条件。但是“匹配”并不意味着支付同样的薪酬（“付市场价”）。匹配的意思是创造与竞争对手等量的员工价值，也就是薪酬与销售意愿之差。

定价的逻辑与定薪酬的逻辑是一样的。公司可以通过几种手段来增加价值和分享价值（图 10-4）。在价值棒的顶部，公司通过提高产品质量来提升用户的支付意愿。然后通过收取溢价来分享创造出的额外价值。只要价格上升的幅度小于支付意愿上升的幅度，用户和公司就会双赢。在价值棒的底部，公司通过提供更具吸引力的工作条件来降低员工的销售意愿，然后通过降低薪酬的方式来分享其中一部分的价值。只要销售意愿降低的幅度大于薪酬减少的幅度，员工与公司就会双赢。

但是其中还有一个问题：如果价值棒的顶部和底部在价值创造和价值捕获上的逻辑是一样的，为什么鼓励溢价和宣传降低薪酬给人的感觉截然不同呢？为什么市场营销部门和人力资源部门的管理者在形容自己的定价策略（其实两者非常相似）时会采用截然不同的语言呢？对此，我有两个猜想。

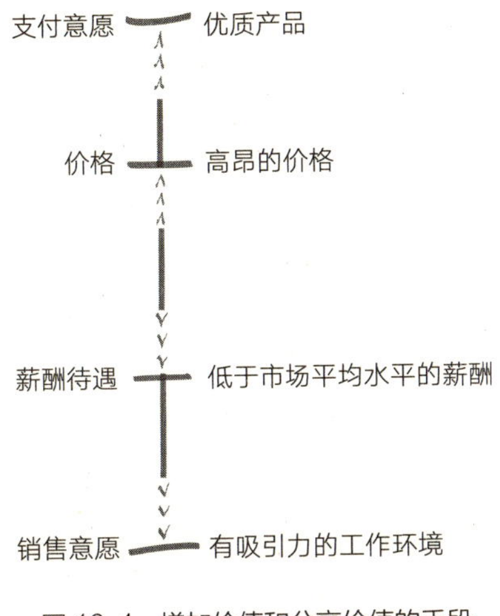

图 10-4　增加价值和分享价值的手段

- **力量**：员工和用户受益的前提是价值创造（更高的支付意愿，更低的销售意愿）要发生价值捕获（通过溢价和降低薪酬）之前，且捕获的价值要小于创造出的价值。然而这个前提并不总是能得到满足。如果公司没有先提升支付意愿而是先提升了价格，用户的利益就会受损。没有更好的工作环境而工资却降低了，员工的利益就会受损。如果公司在没有创造价值的前提下捕获价值，用户和员工所受到的影响是截然不同的。用户有很简单的解决办法，他们只要不再购买这家公司的产品就可以了。然而对于员工来说，情况会更复杂。我们大多数人都需要工作，直接离职不仅需要付出金钱方面的代价，情感上也会很难适应，即使这份工作没给我们带来多少满意度。沃尔玛就是一个典型的例子。当政客们痛斥沃尔玛付给员工的是不足以满足温饱的“饥饿工资”时，他们认为低工资反映的是公司的议价能力，而不是会降低员工的销售意愿的承诺。[22]

- **体验**：你对现在的工作有多满意？你的满意度是否会随着时间改变？绝大多数回答是肯定的。销售意愿在很多层面上取决于体验，而适应一份新的工作和了解公司的企业文化都需要时间。当你第一次犯下严重错误时公司会如何处置？公司会履行承诺依然在下一轮的晋升中考虑你吗？低于行业平均水平的薪酬是当下就可以看见且确定的，而更具吸引力的工作条件则需要花时间去感受，尤其是在我们对是否应该接受这份新工作进行评估的时候，确定这份工作的吸引力如何往往是很难的。

能力和体验解释了为什么通过降低员工的销售意愿来竞争人才的战略（如果真的有效）执行起来如此困难。如果你在考虑如何能更好地在公司里运用这一战略争取人才，我有 4 点建议。

- **具体性**：如果你想通过提供更好的工作条件来竞争人才，请具体说明你要通过哪些方式来降低员工的销售意愿。“我们有非常好的企业文化”也许是实话，但是求职人员很难核实。应思考通过哪些方法可以为求职人员提供更大的确定性。是否可以允许求职人员来公司体验一天，了解工作环境？是否允许求职人员与现有员工私下联系？是否允许求职人员向离职员工咨询具体情况？

- **可预见性结果：**运用能带来可预见性结果的方式来降低员工的销售意愿。例如，灵活的工作时间和居家办公的机会，这些方式都直观易懂且执行起来简单明了。不出所料，新冠肺炎疫情前期的相关研究显示，选择（并被允许）远程工作的员工工作起来更快乐，对雇主也有着更高的忠诚度。[23]
- **有创意地分享价值：**想想你能通过哪些不同的方式与员工分享价值。降低薪酬只是公司从改善工作环境中捕获价值的诸多方式之一。例如，公司为员工提供学费补助，以此吸引具有更高技能的员工，公司从而可以捕获价值。[24] 在奎斯特的例子中我们看到，奎斯特所捕获的价值是更高的生产率。
- **放大已有福利：**进一步加强工作环境中的有利因素（如更好的工作辅导）和减少工作环境中的不利因素（如降低噪音），在降低员工销售意愿上似乎能产生同样的效果。如果这两种做法都能创造出类似的价值，难道它们不是同样可取的吗？然而并非如此。想一下员工是如何选择工作的。愿意接受嘈杂的工作环境的员工对噪音应该并不敏感。因此，降低噪音对于这部分员工来说意义不大。然而如果已有的工作辅导项目吸引了一批尤其看重工作辅导的员工，那么改善这一项目会有更好的效果。一般来说，加强已有的福利，同时相对应地减少现有短板，能给公司带来更大的价值。

简单的战略

5 个迭代要点，让员工爱上你创造的工作环境

以我的经验来看，销售意愿是价值棒上的 4 个元素里最抽象的一个。但是，正如我们从本章的案例中看到的那样，通过创造更具吸引力的工作环境来降低员工的销售意愿能有力地为你的员工和公司创造价值。以下几点尤为重要：

- **让工作条件更具吸引力并不像火箭科学那般复杂。**公司可以参考员工参与度调查。像奎斯特一样，你会发现员工其实有很多可以使工作更快乐的好想法。公司可以采纳其中能够提高生产率的想法。
- **要想识别出能够降低员工销售意愿的有效机会，首先你要熟悉工作与员工生活的交集。**例如，若可以通过允许员工错峰上下班，来为员工提供更好的通勤体验，也许能产生与改进工作流程一样的效果。
- **降低员工销售意愿的举措不仅能提升员工的满意度，还能产生强大的选择效应。**在人才竞争中，对于那些尤其看重公司所采用的降低销售意愿的方式的员工来说，你有着独特的优势。
- **当你考虑通过哪种方式降低员工销售意愿时，要想一下这种做法所产生的选择效应是否支持公司的发展。**例如，谷歌放弃了能获取丰厚利润的美国军方合作项目，是因为谷歌员工向公司抗议，他们认为

这些项目有悖于最初吸引他们来到这家公司的价值观。[25]虽然谷歌早已把“不要作恶”从公司的道德准则中删除了，然而员工的选择效应还是让谷歌不得不在美军合同和员工工作热情中做出选择。后者显然更加重要。

- **能成功降低员工销售意愿的公司，也能通过多种方式分享一部分创造出来的价值。**有些公司得以支付低于市场的薪酬，有些公司收获了更高的员工忠诚度和参与度，而大部分公司都能收获更多的人才选择。

11

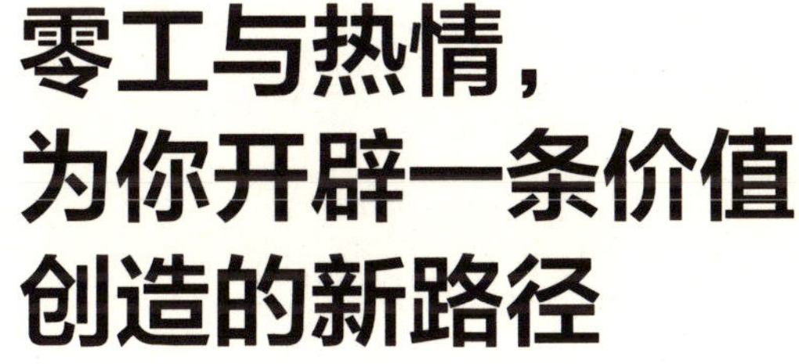

零工与热情，为你开辟一条价值创造的新路径

数字技术使公司以新的方式竞争人才。工作上越来越大的灵活性，为价值创造开辟了新的路径（图 11-1）。例如，很多员工没有分配到自己想要的工作时间。英国的一项研究发现，1/3 的男性和 1/4 的女性表示希望自己的工作时间能少一些。同时有约 6% 的受访者希望工作时间能多一些。[1] 数字技术可以帮助公司避免类似的错误匹配。其中最具代表性的是一些数字化平台通过将员工和工作任务相匹配以实现完全的灵活性。TaskRabbit 上的维护人员、Topcoder 上的软件工程师、Mechanical Turk 上的数据录入员，以及 InnoCentive 上的科学家都享受着按照自己的意愿工作的自由。

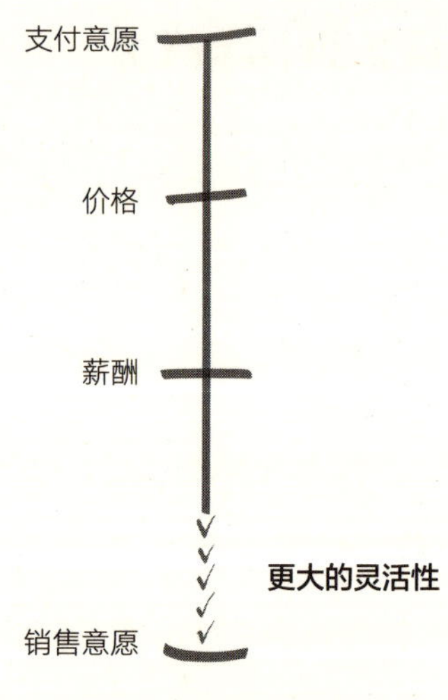

图 11-1　新的价值创造路径

当个人能够自己选择工作时间时，究竟能创造多少价值？[2]优步是一个很好的例子。与其他零工工作一样，优步的司机也可以几乎不受限制地随时登录和退出接单应用程序。有些司机选择在车费最高的时段接单。还有一些司机在主业收入降低时接单补贴家用①。[3]在M. 基思·陈（M. Keith Chen）教授及其同事对20万名优步司机的销售意愿进行统计时发现，不同的司机在不同时段的销售意愿有着巨大的差异。图11-2显示的是晚间时段费城的100名优步司机销售意愿的分布情况。[4]

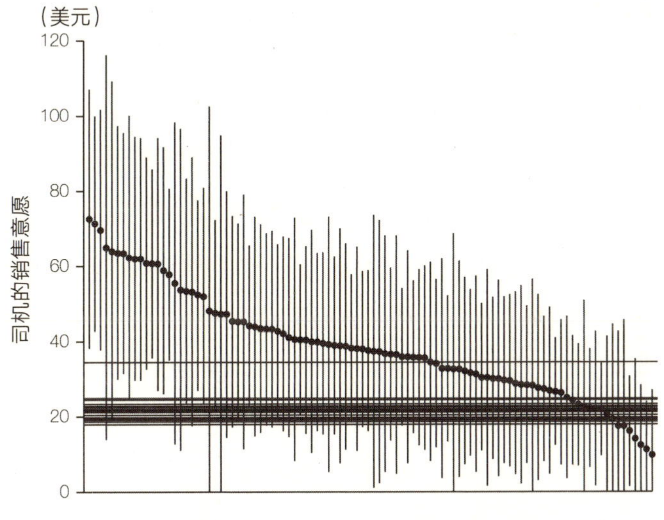

图 11-2 晚间时段费城 100 名优步司机的销售意愿

图中的黑色圆点代表的是每位司机的平均销售意愿。垂直线代表的是某位司机在不同时段的销售意愿的变化。让我们看一下图11-2中的第一位司机。他的平均销售意愿超过每小时70美元，然而销售意愿的分布范围却是从40美元（第10百分位数）到超过100美元（第90百分位数）。

① 在美国，只有1/3的共享出行司机以在平台上接单获得的收入为主要收入来源。

图中的水平线代表的是如果某位司机在晚间接单所能获得的收入，为每小时 20 美元左右。①

从图中显示的数值来看，第一位司机将永远不会在晚间接单。在晚间，他的销售意愿一直高于每小时的收入。事实上，这位司机似乎是非常不愿意在晚间工作的，晚间收入要达到每小时 70 美元才能让这位司机接单。也许他有孩子要照顾，晚上担心孩子的安全，或是他的配偶可能要在晚上用车。在图 11-2 中，右边区域的司机会在晚间接单，这些司机的平均销售意愿是 11.67 美元。

通过分析垂直线我们了解到，对于一般工作者来说，可以自己选择工作时间很重要。在工作时间完全自由的条件下，只有当销售意愿低于每小时收入时司机才会接单。相比之下，完全没有灵活性的工作岗位，如每天要按规定班次上班的出租车司机，他们有时在销售意愿高于薪酬的时段也要出来工作，此时价值就会被摧毁；或者有时在销售意愿低于每小时收入时却无法工作，因此错过了创造价值的机会。根据陈教授及其同事的研究结果，在优步上接单的司机和工作时间缺乏弹性的出租车司机在价值创造上的差异是每周 135 美元。[5] 换言之，弹性工作时间所创造的价值，相当于司机多驾驶 6.7 小时的价值！

工时越弹性，员工创造价值的热情越高

意识到弹性工时优势的不只是优步这样的数字化平台。越来越多的公

① 每小时 20 美元并非司机的净收入。在这 20 美元里，司机还要除去加油所需的费用及其他开销。

司启动了弹性工时制度。我们已经看到盖璞的员工是如何通过换班应用程序 Shift Messenger 互换班次的。其他的弹性工时策略包括轮班制度（time-shift）、微灵活性工时制度（micro-agility，员工可以自由调整一部分工作时间以满足生活需求，如去观看孩子学校的话剧演出）、兼职工作、缩短工时（员工全天工作，但每周工作日数量减少）、最少出差时长、工作共享，以及一些长期的机会，如带薪休假、学术休假，甚至还有像德勤职业定制化项目这种给予员工加快或减缓职业发展的选择的制度。[6] 在最近的一次调查中，全球 750 家公司中约 60% 的公司表示允许员工自行选择工作日开始和结束的时间。其中 1/3 的公司采取了缩短工时的制度。[7] 而全球疫情似乎也在加快弹性工时的进一步普及。

虽然公司在弹性工时方面取得了显著进展，但还有很多公司依然无法满足员工对弹性化工作的需求。人力资源新创公司 Werk 的两位联合首席执行官安妮·迪恩（Annie Dean）和安娜·奥尔巴赫（Anna Auerbach）对 1 500 名职业白领进行了有关工作弹性的调查，她们发现，公司的弹性化政策与这些职业人士的意愿之间依然有着巨大的差距（图 11-3）。[8]

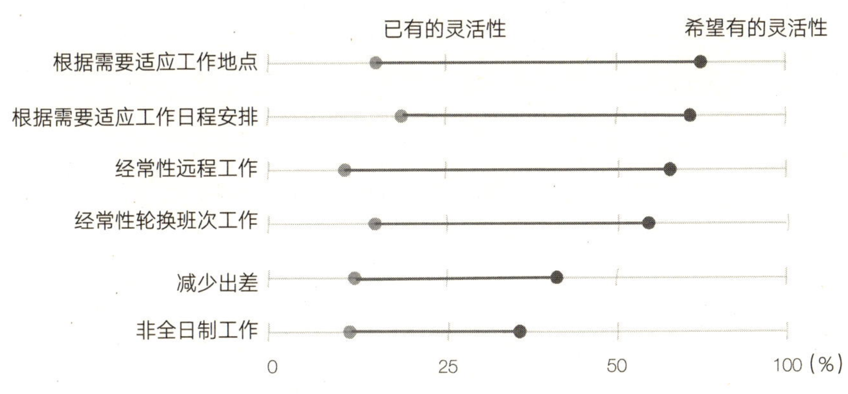

图 11-3　职业白领的工作弹性意愿调查

这其中更大的挑战是让员工真正接受弹性工时项目。推出这些项目是第一步，然而真正让员工使用这些制度却是另一回事。职业服务公司就是一个典型的例子：几乎每家职业服务公司都有弹性工作制度，然而大部分员工并不会真正把这些制度利用起来。[9] 其中的一个主要原因是咨询师和银行家认为向公司申请弹性工时会影响他们的职业前景。一位部门经理这样说："这里的文化是要把生命和灵魂都献给银行。那些坐在高层的人就是这么过来的……如果你想休息或者寻求弹性工时，就会显得自己特别无能。"[10] 而女性如果利用弹性工时制度则会给职业前景带来更大的伤害。[11]

当你在思考如何通过弹性工时为公司员工创造价值时，请记住以下几点：

- **员工在关键绩效指标强调生产率而非工作时长的时候更愿意使用弹性工时。**例如，在一个按时收费的工作文化下，弹性工时制度可能不会起太大作用。
- **榜样很重要。**当公司里有一些高管灵活地安排工作时间时，公司里的其他员工便会对弹性工时有更正向的认知。[12]
- **针对弹性工时进行开放性对话。**研究显示，大部分员工认为其他人对弹性工时的看法要比自己对弹性工时的看法更加负面。开诚布公的对话有助于降低集体偏见。[13]
- **避免对"加班文化"的推崇。**英国比价网站 Moneysupermarket 的人力资源业务合伙人凯特·汉普（Kate Hamp）解释道："如果有人完成了一个大项目或是获得了某项内部奖励，我们希望经理不要赞美这些员工的超长工作时间。”它建立了一个有效的弹性文化，侧重于制定去中心化的决策，也就是由个人或团队决定他们的弹性工时的具体实施方案。同时公司通过非正式手段针对弹性工时进行沟通，如通过与管理人员聊天进行讨论而不是将其作为条款放在合同里。[14]

将短期工作与个人爱好相结合

从很多角度来看，灵活性本身就已具有非常重要的价值，然而如果能把灵活性和个人的热情相结合，我们就能看到真正具有变革性的影响。想想你自己的兴趣爱好。你最喜欢的消遣活动是什么？你喜欢园艺吗？写作呢？你是电影迷吗？对某件事的热爱以强大的方式影响着我们的销售意愿。我们都有纯粹为了爱好和享受而从事的活动，不需要报酬。对于这些活动，我们的销售意愿为 0（如果你愿意为自己的爱好付钱的话，销售意愿甚至可以为负）。然而即使热爱降低了我们的销售意愿，我们用来进行这些活动的时长依然可能对销售意愿产生反向的作用力。想象一下，如果你在醒着的每一秒都在做园艺会怎样？除非你很有钱，否则你可能需要想办法将爱好变成工作了。你在爱好上花的时间越多，追求爱好的成本就越高，因为你因爱好错过了其他机会，尤其是错过了获得收入的机会。而销售意愿也同样会反映这类时间的机会成本。正是由于这个原因，我们尤其迫切地希望将短期工作和个人的爱好结合起来。

在过去，将兴趣爱好和商业活动进行匹配是非常困难的事情。这其中有两道门槛。首先，找到有某种兴趣爱好的人不容易。其次，更重要的是，如果我们安排某项工作的时间跨度过长，那么即使是对于十分热爱这项活动的人来说，时间的机会成本（也就是销售意愿）也会非常高。互联网的发展帮助我们很好地降低了这两道门槛。现在要找到拥有某种兴趣爱好的人容易了很多，同时他们可以以低强度的方式完成符合自己兴趣的工作，这样一来时间的机会成本就可以得到控制，销售意愿就可以维持在较低的水平。

旅行作家、公民记者、平面设计师、书评人、自由职业摄影师等很多职业都使得人们可以去做他们认为最享受的事情。FOOD52 是一个由烹饪爱好者组成的线上社群，他们开通了一个厨房热线，可以即时回答一些最紧急的问题。这条热线“配备”了 5 万名专业厨师和烹饪爱好者，他们都愿意随心所欲地与 FOOD52 社群中的 100 万名成员分享自己的烹饪技能（和食谱）。[15]

价值战略法则

Better, Simpler Strategy

InnoCentive 如何与 40 万名专家连接

加拿大通用聚变公司（General Fusion）是一家旨在开发具有商业竞争性的核聚变能量的公司，其做法是把重达 220 磅（约 100 千克）的活塞锤向球体产生猛烈撞击，通过液态铅产生冲击波进而触发聚变反应。图 11-4 展示的是装有锤子的活塞。[16] 该公司负责管理开放式创新业务的布伦丹 · 卡西迪（Brendan Cassidy）解释了通用聚变是如何运用科学家和工程师的热情和专业技能解决问题的：“我们当时遇到的一个问题与表面的铁砧相关，也就是锤子捶凿的地方。铁砧需要被封在熔融金属当中，这样就能在铁砧外部形成一层真空……当时我们说：‘这个问题不在我们的专业领域内。我们积累了很多关于活塞锤的经验，但在制造密封层方面，肯定有人比我们更有经验。’”[17] 为了能从学习他人的经验中受益，通用聚变转而求助于 InnoCentive。这是一个线上开放式创新平台，它将公司与近 40 万名各领域的专家进行了连接。在 InnoCentive 平台上，约 229 名工程师对通用聚变的技术诉求进行了评估，其中 64 名工程师递交了解决方案，最终胜出的是一名毕业于麻省理工学院的工程师柯比·米查姆（ Kirby Meachum ）递交的方案，他本人也因此获得了由公司提供的两万美元奖金。

图 11-4　通用聚变用来压缩等离子体的活塞锤

从简单的烹饪食谱到技术性很强的建议，越来越多的公司依赖外部创新力量和专家来建立公司的加速创新业务。这些专家提供的服务大部分针对的是本质上有趣且能够激发智慧的活动，当然这绝非偶然。以社群为基础的商业模式（如 FOOD52）和开放式创新平台（InnoCentive）的优势在于它们将热情与短期工作相结合。通过将热情与短期工作相结合，你很可能会看到精湛的质量和合理的薪酬水平。FOOD52 奖励“每月最大贡献者”25 美元。InnoCentive 帮助不同类型的公司解决了一个个复杂且棘手的技术性挑战，这些公司包括英国石油公司、美国国家航空航天局，以及致力于寻找葛雷克氏症生物标志物的非营利机构有奖生活（Prize4Life）。在所有征集比赛中，参与一项 InnoCentive 挑战的预期价值为 125 美元。[18]

线上图像设计服务交易平台 Crowdspring 也是一个将公司与外部人才相连接的例子。Crowdspring 的一个特色项目是标识设计比赛。在这些比赛中，公司的品牌经理会对自己想要的标识设计进行描述，然后平台上超过 20 万名自由职业者中的设计师将递交设计方案。通常每次比赛能吸引大概 35 名设计师递交 115 份设计方案。[19] 公司随后对方案给予反馈，以便设计师进行进一步的修改。项目会持续 7 天。公司会为获胜设计师提供 300 美元左右的奖励。作为回报，这项设计的版权归标识使用公司所有。

我的同事丹尼尔·格罗斯（Daniel Gross）教授曾对 4 000 多次类似

的设计比赛进行了研究，可以帮助我们更好地理解反馈是如何改善设计作品质量的（很大的正向影响），以及设计师在看到公司给予其他设计师的反馈后会不会影响他继续参赛（能力最弱的设计师的确很快便会放弃比赛）。通过巧妙的调研设计，格罗斯教授还计算出了参与 Crowdspring 设计比赛产生的收益和成本，计算结果如图 11-5 所示。[20]

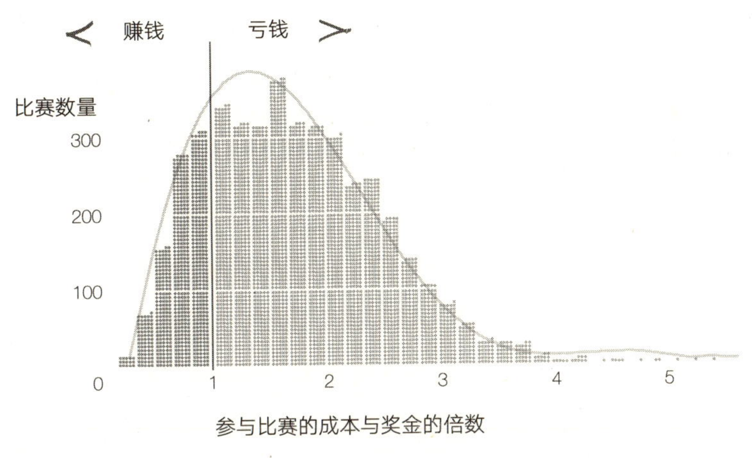

图 11-5　标识设计比赛的成本和收益

整体而言，设计师参与比赛所产生的成本要远高于奖金的数额。如果所有设计师都能意识到他们获胜的概率，整体成本与奖金应该处于平衡状态，那么我们将永远不会看到图 11-5 中成本与奖金之间的倍数超过 1 的比赛。然而在现实生活中，似乎有很多设计师愿意为这种过低的报酬而工作。

零工经济①平台上所呈现的用低廉的价格换取精湛的服务是不是一种假

① "零工经济" 的英文 gig economy 中的 gig 源于 20 世纪 20 年代爵士乐手使用的口头语，意为 "短期工作"。

象？零工经济的福利是不是以牺牲自由职业者的利益为代价的？作为一个想做出正确决定的有良知的商人，你是否应该永远拒绝那些能提供高质量的服务却愿意拿很少的报酬的人？这些是有关零工经济平台的争论中的核心问题，也是监管这类公司需要讨论的重要内容。

我们可以以价值创造原则为道德罗盘来共同探索这些问题。只要公司的活动能改善员工及独立承包人的生活，就是值得维护的。自由职业者的低额报酬本身并不足以让我们断定他们的利益被剥削了，因为这有可能是由于他们对这项工作的销售意愿非常低。而低报酬可以作为警报信号提醒我们对此做进一步的探究。在探究的过程中我希望你能够关注以下问题。

- **销售意愿有没有可能很低？**对于那些本质上无趣的工作，答案很可能是否定的。请记住，降低销售意愿的诱因是热情。同时，以这份工作为主要收入来源的合同工不太可能有低的销售意愿。例如，如果一个人的主要收入来源是替人打扫房子，那么低销售意愿就不应该成为判断的前提。
- **这份工作是否能产生金钱报酬以外的价值？**一些 Crowdspring 平台上的设计师愿意因小额奖金参与比赛的一个原因是他们希望比赛能给自己带来金钱以外的收获。有些设计师希望在公司反馈中学习。还有一些人希望以此在行业中建立声誉。有的时候，公司还会找设计师做一些后续工作，并予以更好的薪酬。例如，通用聚变最终与柯比·米查姆签署了合同以进一步发掘其潜力。标识设计师有时可以继续为公司提供网站设计服务。

- **对长期受益的预期是否合理？** 预估长期受益的价值对于零工工作人员来说绝非易事。一位报酬很低的自由职业者在未来能获得更多的工作机会的概率有多大？一份没有报酬的工作是否能敲开一份固定职位的大门？通常，公司比自由职业者更了解长期前景。因此，至关重要的一点是不要滥用这一信息优势。例如，2/3 的优步司机在为平台开车 6 个月后会选择离开平台。[21] 对于这一数字，一种解读是司机只有在陷入困境时才会短期加入优步。另一种解读是优步在为司机设定未来预期方面做得很差。
- **对于公司来说，给销售意愿低的员工支付低薪酬是不是最明智的选择？** 美国新闻与舆情网站《赫芬顿邮报》，是最早依赖于公民记者和有志作家的机构。截至 2018 年，超过 10 万撰稿人为《赫芬顿邮报》（HuffPost）提供内容，而且是免费的！然而就在 2018 年早些时候，这一切都结束了。赫芬顿邮报关闭了它的自媒体撰稿平台，转而通过雇用的记者撰写“具有智慧、原汁原味、及时且严谨的专栏内容”。[22] 其他拥有大规模撰稿人社群的出版社，如福布斯和赫斯特也紧随其后。[23] 不为内容买单最终得到的是质量参差不齐的海量内容。“媒体公司已经开始专注于生产高质量的内容，”Olapic（一家利用用户数据进行市场营销的新创公司）的联合创始人保·萨布里亚（Pau Sabria）解释道，“在与其他形式的媒体竞争时，糟糕的阅读体验会给你的公司带来无法承受的后果。”[24] 想必现在你已经非常熟悉在本章开始时我们介绍的概念了。薪酬战略会引发强大的选择效应。即使员工的销售意愿真的非常低，通过与员工和自由职业者分享更多的价值也能给工作质量带来深远的影响。

简单的战略

5 个零工经济见解，将员工的热情与你的经营目标相连

从各种弹性工时项目和零工经济的商业模式中，我获得了以下见解：

- **将公司与有热情的从业者连接起来的数字化平台有助于改变公司边界。**过去需要在公司内部完成的工作现在可以在公司外完成，或者以新的方式通过零工雇员和独立承包人来完成。其结果往往是以理想的价格换来优质的服务。在美国，10% 的劳动力都在从事更加灵活的工作。[25] 如果你不思考如何通过改变公司的边界来获得成本优势，你的竞争对手就会抢先而为之。
- 2020 年，**工作地点的弹性依然供不应求，同时它也是降低员工销售意愿的有效工具。**
- **制定弹性工作制仅仅是第一步。**鼓励员工使用弹性制度通常需要进行更大范围的企业文化调整。作为公司的领导者，你的行为会影响很多人，无论你想与不想，你都会被视作他人的榜样。
- **将员工的热情与公司的经营目标挂钩，能够为你开辟一条价值创造的新路径。**这种做法对于内容本质上有趣且仅需要较短的时间投入的项目或活动最有效。

- **与因为热爱而工作的个人打交道时，需要谨慎地考虑他们的预期。**零工工作能够为从业者创造显著的价值，但也可能会使他们的利益受损。最好的公司会建立自己的企业准则和相关实施办法，以确保零工从业者有合理的预期，并得以分享一部分由自己创造的价值。

供应链也是人 12

2016 年 6 月，Prevent 集团旗下的 Car Trim 公司的首席执行官瓦希丁・费里兹（Vahidin Feriz）收到一份传真。情况很不好。Car Trim 最重要的客户之一大众汽车通过该传真告知费里兹，它将取消一项价值 5 亿欧元的联合开发项目，并声称 Car Trim 所提供的汽车皮座存在质量问题。当时的大众汽车正因柴油尾气丑闻背负着巨大的资金压力，而它仅提前两天通知 Car Trim 自己将取消合作项目。[1] Car Trim 起诉了大众汽车，但大众汽车拒绝支付赔偿金，随后 Car Trim 联合 Prevent 旗下的另一家公司 ES Guss 中断了对大众汽车的所有供货，造成大众汽车 6 家工厂生产停滞，影响了近 3 万名员工。

赔偿金支票在两年后才翩翩而至。这时，Prevent 集团试图抬高价格，大众汽车随即取消了与该集团的所有剩余合作。这次轮到 Prevent 旗下的公司需要进行人员削减了，其中一家公司甚至直接宣布破产。直到 2020 年，法庭依然在审理这一争端。

Prevent 集团和大众汽车之间的对抗是一个极端案例，但买家与供应商之间的紧张关系屡见不鲜。例如，亚马逊利用其在电商平台领域的主导地位给平台上的商家附加苛刻的付费条款。亚马逊只需要 22 天就能收到顾客的款项，却需要整整 80 天来支付自己的账单。平台上的商家实际上成了亚马逊的银行，为亚马逊的成长提供资金。[2] 实体店方面也有类似的例子。当零售商推出自有品牌产品时，利润会显著增长。这其中的一个重要原因是新产品有助于零售商挤压其他品牌产品的生产厂家。[3]

图 12-1 显示了公司与供应商之间的这种紧张关系，他们会争夺固定价值。公司希望通过降低支付给供应商的额度来增加自己的利润率。不出所料，供应商会反击。他们也在想办法增加自己的盈余：销售意愿与成本之间的差。这些做法不会创造任何价值，无论哪一方胜出，代价都是由另一方付出。

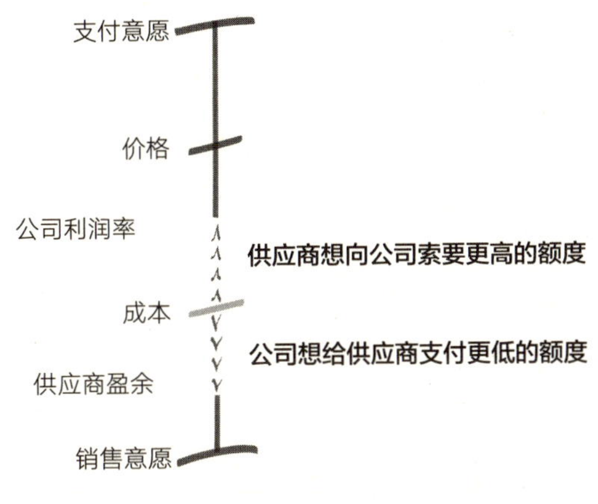

图 12-1　公司与供应商争夺固定价值

在这个过程中当然有第二种提升利润率的途径。如果你能降低供应商的销售意愿，那么更多的价值将被创造出来，你的公司和供应商便能实现双赢。你应该还记得，供应商的销售意愿是他们愿意接受的你给出的最低额度。如果你支付的额度高于供应商的销售意愿，也就是说你的成本大于供应商的销售意愿，供应商便能获得盈余，这是高于已被纳入销售意愿的利润率的差额。

不同的买家和供应商组合有着不一样的销售意愿，销售意愿取决于两者之间的关系。例如，如果一家供应商可以为一家知名公司供应产品，并因此有了值得炫耀的谈资，那么这家供应商的销售意愿就会降低。如果某个买家和供应商打交道时总是表现得特别苛刻，那么其供应商很可能会有更高的销售意愿。

先不考虑因买家而异的因素，怎样才能降低供应商的销售意愿呢？通过提高供应商与你的公司进行交易的成本效益。任何能为供应商提供的便利，以及任何能提高他们的生产率的投资，都能降低供应商的销售意愿，进而创造出更多的价值。[4] 例如 B2B 印刷服务平台 Raksul，其最初的业务是为顾客提供全日本 2.5 万家印刷公司的价格信息，并很快取得了成功。然而 Raksul 的创始人松本恭摄（Yasukane Matsumoto）对此并不满意。每天早上，他都问镜子里的自己："如果今天是我生命中的最后一天，我是否还会做自己今天要做的事？"[5] 想到 Raksul 的价格发布服务，松本的回答是否定的。他可以创造出更多的价值。在他的指引下，Raksul 建立了一个高效的匹配服务，把顾客的订单发给经过精心挑选的供应商。这些供应商既有符合标准的印刷设备，又有闲置的印刷产能的公司。松本意识到，这些公司的销售意愿尤其低。Raksul 还聘请了丰田公司的前工程师来帮助印刷公司改善车间运作，这进一步降低了印刷公司的销售意愿。Raksul 将其创造出的价值同时与印刷公司、顾客分享，后者享受到了更低廉的价格。

Raksul 很好地展示了确保供应商从低销售意愿中受益的两种机制：对供应商进行精心筛选和管理经验的转移。在这一章中，我们将具体说明处于行业领先地位的公司是如何使用这两个技巧的。

主动向供应商传授技能

大部分公司会把供应商的责任详细地罗列在合同和服务级别协议里。很多公司还制订了行为规范准则来说明自己对供应商的要求。2000 年年初，耐克决定为供应商提供精益生产培训，以此寻求与供应商之间建立更紧密的合作关系。[6] 精益生产，也被称为丰田生产系统，它并不是什么新的生产方式，但尚未被耐克的供应商采用。[7] 耐克公司负责全球采购与生产业务的副总裁格里·罗杰斯（Gerry Rogers）解释说："在全球范围内能找到的合适的生产力其实是很有限的，尤其是在这个产品高度专业化的行业里。因此，任何一方都不愿意和另一方只做一两次交易或者一出现问题就转身离去。在供应商公司不断成长的过程中，会有新的挑战，而我们恰好可以通过向供应商展示一些能力建设方面的最佳实践范例，或者与供应商协作来帮助他们应对这些新的挑战。"[8]

价值战略法则

Better, Simpler Strategy

耐克，主动为供应商开展精益生产培训

精益生产需要耐克近 400 家制鞋和制衣供应商进行大刀阔斧的改革。例如，传统制衣厂将缝纫、烫熨和打包活动分开进行，同时在每一道工序之间设置很高的库存缓冲。而采纳精益生产的工厂将机器和员工整合到了一条生产线上，并平衡流程循环时间（完成每件衣服的时间）和节拍时间（takt time；即从开始制作一件衣服到开始制作下一件衣服之间的时间，生产节拍按顾客需求调节）。为了得到精益生产的认证，耐克公司要求供应商做出 8 项改变举措。例如，安装安灯系统，使得员工在生产流程出现问题时可以快速发出信号甚至完全终止生产线；采用站内质量检测，以避免有问题的产品被传送至下一道工序；提供 5S 管理证明，5S 是一整套能够减少废弃物并提高生产率的管理手段。[9]

为了让供应商更好地适应精益生产，耐克在斯里兰卡一家正在运营的工厂里开设了培训中心。分布在亚洲各地的供应商来这里参加为期 8 周的培训项目，学习精益理论，观察实际操作方法，并与耐克的经理探讨各自工厂落实新系统的具体战略。在看到初期项目在提高生产率和利润率上所取得的成效后，耐克加倍投入并推出精益 2.0 项目，进一步促进生产自动化和提高员工参与度。即使是一个小的试点项目都能展现出机械化的巨大潜力。其中一家工厂的生产率增加了 19%，质量上升了 7%，员工也表示他们感觉自己的价值得到了更大的肯定。[10]到 2018 年，耐克 83% 的产品来自在精益 2.0 项目下运营的工厂。

与此同时，耐克开始与美国加州大学伯克利分校的两位研究员尼克拉斯・洛洛（Niklas Lollo）和达拉・奥罗克（Dara O'Rourke）研究如何更好地将供应商工厂里的员工的薪酬水平与精益生产相协调。[11]为了给每件成衣定价，耐克与供应商共同商讨了标准工时（Standard Allowable Minutes，SAM），这是一个以工程为基础的衡量生产时间的标准。然后工厂用标准工时决定员工的薪酬水平，这就使得员工会想以比标准工时更短的时间完成生产从而赚更多的钱。因为每件成衣的标准工时是固定的，因此员工们更喜欢制作自己熟悉的易于生产的款式。对于他们不熟悉的款式，要超越标准工时就会非常困难，这个时候员工就会专注于拿加班费。这种做法违背了精益生产的初衷，因为以标准工时为基础的薪酬体系无法刺激员工改善质量、减少库存、消除废料，以及建立即时生产的能力。

加州大学伯克利分校的团队在一家已经得到精益生产 2.0 认证的泰国工厂进行了针对 3 种薪酬机制的实验，这 3 种薪酬机制分别是：奖励生产量的生产率倍数薪酬机制；生产率倍数加上奖励成本缩减和超高品质的奖金薪酬机制；生产率倍数加上目标工资薪酬机制。① 研究团队确保参与实验的员工能拿到至少与开展实验前持平的薪酬。研究团队还安装了液晶显示屏来显示每条流水线的工资和生产率信息。（在全球制衣厂员工中，能收到显示工作时长信息的工资单的比例不足 50%。[12]）图 12-2 显示了参加薪酬实验的生产线的工作表现与未参加薪酬实验的生产线相比的不同之处。[13]

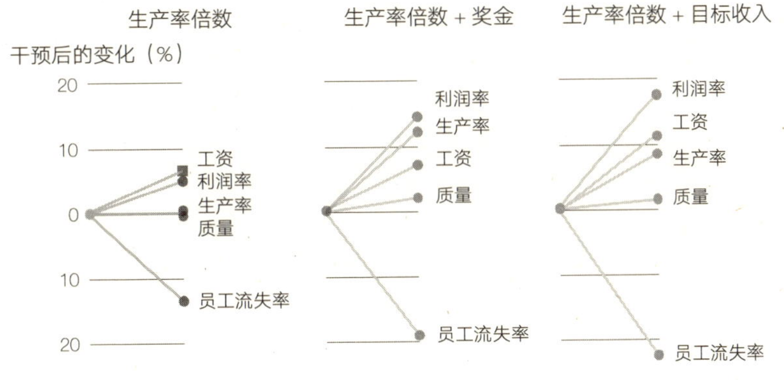

图 12-2 耐克供应商工厂生产线对比情况

① 当一条生产线达到目标生产率的 90% 时，计件工资乘以 1.06。随后生产率每增加 5%，倍数增加 0.06，直至最高倍数 1.48。参与目标工资实验的生产线在 10 小时内赚到每人最低的 650 泰铢（约合 124 元人民币）后，可以自行决定下班。一个团队的历史人均工资为 440 ～ 530 泰铢。

这项研究为供应商和耐克带来了丰富的见解分析。例如，研究发现目标工资在提升薪酬和利润率方面尤为有效，即使没有任何团队在达到 650 泰铢的目标后决定下班回家。在焦点小组中，员工表示在生产进展顺利时获得额外收入更加重要。在 3 种干预手段中，员工都得到了更多的薪酬，供应商的利润也有所增加。之所以能得到这样的结果，是因为每条生产线的生产率都提高了 6% 以上，这当中也有员工流失率大幅度降低的因素。在实验开始前就已经很高的产品质量，实验后在奖金实验组和目标工资实验组都得到了进一步提升。有一条仅拿生产率倍数奖金的生产线是个特例。这条生产线在实验过程中变得越来越混乱。员工彼此指责缺乏技术能力，指责上级领导沟通不利，指责管理层未向他们分配优质材料。这个生产线中 70% 的员工辞职了（另一条接受同样薪酬机制实验的生产线则没有任何问题）。这个情况让我们清楚地看到，强劲的激励措施可能会给员工造成额外的压力。工厂管理层却并未因此产生顾虑。实验结束后，工厂开始全面推行生产率倍数薪酬机制。

为供应商提供培训，提高他们的生产率，可以有效降低其销售意愿并创造出更大的价值。耐克工厂就是典型的例子。一般来说，本地供应商一旦开始与跨国公司合作都会取得长足进步。他们的生产率提高了，也雇用了更多员工，并取得了更好的销售业绩，甚至在与这些跨国公司合作以外的商业

活动中也能取得显著的进展。[14] 跨国公司也能从合作关系中受益。例如，耐克利用供应商提高的生产率逐渐降低了标准工时。[15] 专注于销售意愿为双方（本地公司和跨国公司）都创造了价值。

价值捕获的阴影

即使是在专注于价值创造的买家 - 卖家关系中，价值捕获的阴影依然存在。供应商担心如果买家看到新的生产力会要求新的价格，这会导致供应商在生产力上的投资得不到相应的回报。买家则担心如果自己过度依赖一家供应商，供应商会利用这种紧密的关系制约买家。[16] 双方都为了保护自己付出了高昂的代价。买家放弃了与一家供应商合作能带来的最大优势而选择从多个供应商那里采购。[17] 供应商拒绝与他们不信任的买家合作。例如小米，虽然现在是一家领先智能手机生产厂家，但曾经在创立之初接触了超过 100 家处于行业领先地位的零部件供应商，其中 85 家都拒绝与这家羽翼未丰的公司合作。[18] 当每个人都在担心是否能从自己参与创造的价值中分得一杯羹时，价值创造就会变得格外困难。

那么处于行业领先地位的公司是如何做的呢？在与那些曾经成功地降低了供应商的销售意愿并为双方都创造出了长期价值的供应链高管的对话中，我通常会听到类似这样的建议。

- **有选择性。**发展并维持与供应商之间的紧密关系是困难的，并且需要时间。限制需要持续投入以维持关系的供应商的数量。

  我的建议是依照 3 个标准来选择正确的合作伙伴（图 12-3）。一是价值潜力。如果合作关系具有转移销售意愿、成本和支付意愿的潜力，这个关系的价值就很高。一个价格低廉但质量勉强能满足顾客需求的零部件供应商不应该在你需要维持紧密关系的候选名单上。二是特异性。你是否会让你的供应商在某项能力上进行投资？你是否希望他们开发一套只惠及你的公司的新的生产流程？你与供应商之间的互动越特殊，维持紧密关系并建立信任就越重要。如果你做不到，供应商很可能会少投资或不投资。三是完整性。通过合同完整表述你对供应商的要求和预期的难度有多大？是否有可能把所有情况都包含在合同里？你是否真正理解你的要求在合同期内会发生怎样的改变？如果合同不完整或难以描述及衡量你对供应商的要求，那么建立深厚的关系能产生更大的优势。

- **了解你的供应商。**我们很容易只从成本的角度看待供应商，然而这个角度过于狭窄。曾经有一位非常成功的供应链高管这样提醒我："供应链也是人！"

  影响供应商销售意愿的因素有很多。正如为顾客创造价值需要我们与顾客建立一定的亲密度，近距离接触供应商也能让你看到提升供应商盈余的途径。你还记得松本恭摄吗？这位日本印刷业高管在决定与每一个供应商建立合作关系之前，他都会亲自登门拜访。

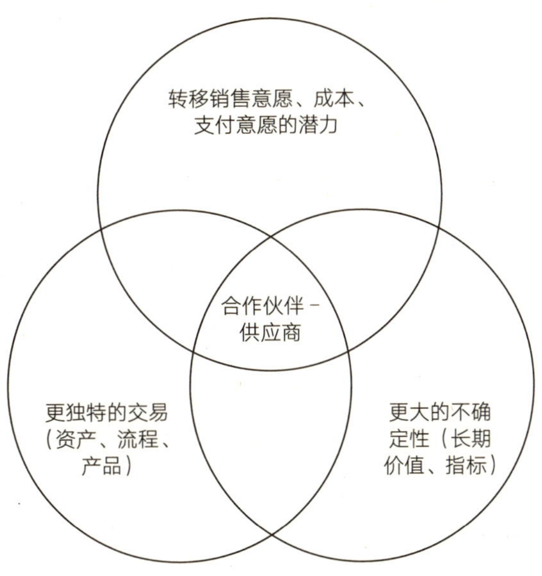

图 12-3　选择合作伙伴 - 供应商的标准

- **专注于结果，而不是细节。**很多降低销售意愿的机会来自行为的改变。很多买家在对供应商的要求中放入了过多的细节内容，详尽无遗地规定要做什么及怎么做。当然，有时候由于存在技术性问题，具体的要求是必要的，然而过多细节上的规定通常反映的是对他人的不信任：如果我在合同里留出了一些可以回旋的余地，供应商是不是会钻空子占便宜？过多细节上的规定也反映了买家想要让各个供应商平起平坐地竞争。然而过度规范也会产生成本。它剥夺了供应商采纳新流程，以及尝试创新型产品和服务的机会。这种矛盾在很多买家 - 卖家关系中占据着核心位置。我们之所以选择与供应商合作应该是因为他们有专业的知识和高超的技艺。那么为什么我们非得对他们施加如此详细的规范来限制他们呢?

当塔塔集团的子公司塔塔汽车公司(Tata Motors)准备制造世界上最便宜的汽车时，塔塔·纳努(Tata Nano)请博世汽车来设计发动机。时任博世董事长的伯恩德·博尔(Bernd Bohr)这样解释这个合作关系的不同寻常之处:

塔塔当时没有拿着厚厚的规范手册或细致的要求来找我们。他们只简单地告诉我们车的重量是多少，应该有双缸发动机，需要达到欧洲IV号排放标准。除此之外，它当然得能开起来。这和其他汽车项目很不一样。在项目初期，你就已经可以看到我们的团队开始提出新的想法……例如，通常在发动机的每个气缸上都会有一个喷油阀，然而在这个项目上，我们的工程师想出了在一个喷油阀上设两个喷嘴的方案，这样可以同时满足两个气缸的需求。[19]

虽然纳努最终没有取得预期的商业成功，然而博世汽车在技术上的突破却被运用到了很多其他发动机上。[20] 博世汽车取得成功的关键是买家专注于结果(在这个案例中是一个成本结果)，而不是实现这一结果的方法。

美国联邦快递公司供应链在与戴尔合作时也有过类似经历。当时戴尔这家电脑科技公司希望能改革自己的供应链，它用专注于最重要的总体结果取代了一长串具体的服务(几百个计费代码)。例如，在其逆向物流运营中，戴尔从之前给联邦快递支付固定的处理产品的费用到后来让联邦快递帮助它降低由于电脑退货所造成的损失。在紧密的合作中，两家公司共同创造了 3 个渠道：一是对退回机器进行翻新；二是回收零部件；三是设备报废处理。[21] 戴尔公司总经理约翰 · 科尔曼（John Coleman）这样解释这种转变：

> 传统的做法是，戴尔以零售的方式卖掉所有的退回产品。如果产品无法达到零售产品标准，那么就直接报废。多年来我一直希望戴尔能有一个将批发作为另一个销售选项的系统。这是个好主意，然而公司内部对于这一项目的投资没有足够的兴趣。联邦快递供应链除给了我一些建议和想法，也没有任何理由进行投资。然而当我们彼此就更广泛的成本最小化目标达成共识后，联邦快递供应链便为翻新机的批发销售创造了新的渠道……他们的投资使这个概念从想法变成了现实。[22]

有了三管齐下的处理渠道和批发销售选项，戴尔和联邦快递将产品报废率降低了 2/3，在仅仅两年内，戴尔的逆向物流运营成本就降低了 42%。[23]

- **外部动机和内部动机相匹配。**有了更广泛的目标，你可以定义与这些目标相一致的指标，并将其与财务激励措施挂钩。例如，如果戴尔的逆向物流运营成本得以降低，联邦快递供应链也会取得财务收益。

  除了要有强大的外部匹配，在买家组织内部也应该对买家 - 卖家关系有一致的看法。公司采购部门是否知道你的供应链经理正在与其中一个供应商建立协作关系？如果采购部门的唯一动机是寻找最低成本，那么这位供应链经理一定会失败。

- **保持开放的心态。**深层关系的阴影部分，也正是这些关系的深度。一旦与一个供应商建立了信任，寻找其他供应商的动机就会非常有限。当维克托·卡拉诺格（Victor Calanog）还是沃顿商学院的一名博士生时，我俩一起打电话给费城的 596 位管道工，向他们发放有关由新型弹性材料制成的地漏的传单和一个免费的样品，那些相信他们现有供应商的管道工接受传单或免费样品的概率要低得多。在初次电话访问结束后 1 年里，信任现有供应商的管道工购买新型地漏的数量也少得多。[24] 即使你与一些供应商成功建立了长期的信任关系，时常重新评估这些关系也许能给你带来降低供应商销售意愿和成本的新机会。

简单的战略

三大全新视角，帮你选择前景良好的供应商

供应链中的合作当然不是一个新想法。然而从价值的角度思考能给我们带来不一样的视角，这对我们来说是非常有帮助的。以下是一些关键的见解：

- **通过帮助供应商降低成本，为你们之间的交易提供更大的便利，最终受益的也是你自己。**不要问你的供应商能为你做些什么……
- **价值捕获的逻辑主导着很多买家－卖家关系。**将关系的重心重新导向价值创造有利于分享信息、协调激励措施，并发现具有吸引力的商业机会。
- **确保价值创造在买卖关系中的核心位置绝非易事，而你也要谨慎选择将要与之建立这种关系的供应商。**在选择前景最好的合作伙伴时，你要考虑他们的价值潜力（你能在多大程度上转移销售意愿）、投资的独特性（你的需求有多么独特），以及合同的不完整性（是否能轻易地将你的要求以书面的形式进行描述）。

Better, Simpler Strategy

第四部分

规模经济、学习效应、管理质量，决定企业生产率的三种力量

生产率决定了一家
企业是否真正领先。

Better,
Simpler Strategy

13 规模之美，寻找让你胜出的最佳规模

每当对生产率数据进行研究时，我都不敢相信同一行业里不同公司之间的差异如此之大。① 平均来看，一家生产率在行业中排在第 90 百分位的美国公司的产出是排在第 10 百分位的公司的产出的 2 倍，而且投入完全一样！[1] 这种差异在印度更加明显，我们经常看到排在第 90 百分位和第 10 百分位的公司之间的产出之比高达 5 比 1。[2] 而且这些差异并非转瞬即逝的，生产率之间的差距通常会持续相当长的一段时间。[3]

生产率的提升能同时降低成本和销售意愿（图 13-1）。我们曾经说过，价值棒是针对某个产品或服务的一个组合生成的。如果一家公司的生产率提高了，那么它用于采购的投入就会减少，进而就可以降低销售意愿和成本。

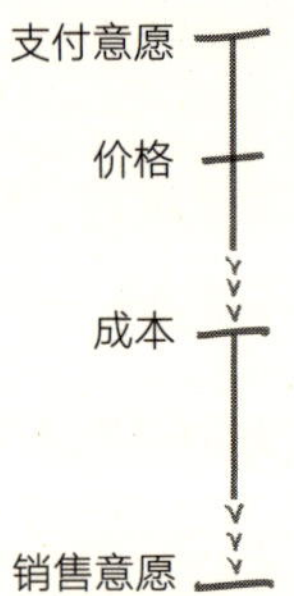

图 13-1　生产率可以降低成本和销售意愿

① 在研究中，“相同行业”指的是 SIC（标准行业分类）的 4 位数代码相同的公司。SIC 是由美国政府创建的公司分类系统。例如，生产木质办公家具的公司代码为 2521，生产由其他材料制成的办公家具的公司代码为 2522。

在本章和接下来的几个章节里，我们将对决定生产率的 3 种力量进行研究：规模（本章）、学习（第 14 章）和运营效益（第 15 章）。

规模，真的大而不倒吗

2007 年 2 月，由美国政府赞助的主要负责在二级市场购买房贷的美国联邦住房贷款抵押公司（简称房地美）宣布将不再购买风险最高的次级贷款。就此，一场即将把全球经济拖入 20 世纪 30 年代以来最大危机，仅在美国就摧毁了近 900 万个就业岗位的 2007—2009 年经济大衰退拉开了帷幕。[4] 银行在这场危机中扮演了核心角色。为了稳定经济，美国政府最终支持了将近 1 000 家美国金融机构，耗资近 6 000 亿美元。[5] 深陷危机深渊中的纳税人为将近 4.4 万亿美元的金融资产提供了担保。[6] 回顾过去，美联储前主席艾伦·格林斯潘（Alan Greenspan）这样说："如果银行因规模大而不倒，那它们的确太大了。1911 年，我们拆分了标准石油公司，然后发生了什么？每一个拆分出来的公司都比原来的整家公司的价值更高。也许这就是我们需要对大银行采取的措施。"[7]

政策制定者对拆分金融机构避而不谈，但他们采取了一系列举措来降低银行的风险。例如，提高对银行资金和流动性的要求。[8] 危机后所推行的规章制度就是为了达到这一目的。从很多衡量指标来看，现在的银行系统要安全得多。[9] 那么那些大型银行的规模发生了怎样的变化？它们的规模变得更大了！美国富国银行的规模是原来的 4 倍，摩根大通银行的规模是原来的 2 倍，美国银行的规模增长了 2/3。在所有大型银行里，只有花旗银行的规模缩小了，但也只是缩小了一点点。[10]

为什么银行规模越来越大了？一个重要的原因是银行能得益于规模经

济，也就是说平均成本会随着公司规模的增长而降低。图 13-2 中显示了规模最大的位于美国和欧洲的银行在规模增长 10% 的条件下所增加的成本。[11] 10% 以下的数值（图 13-2 顶部的横线）代表着规模经济。大于 10% 的数值代表着规模不经济，成本增长的速度大于公司规模增长的速度。

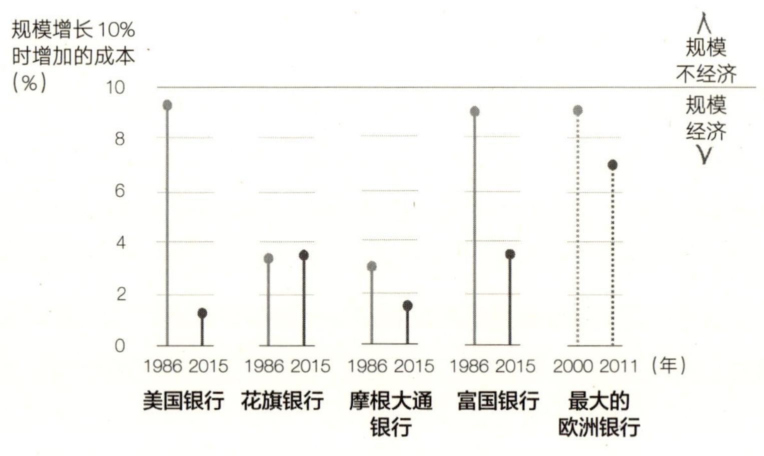

图 13-2　银行的规模经济

1986 年，美国银行受益于适度的规模经济效益。当时，公司规模扩大 10%，成本就会增加 9.3%。而到了 2015 年，银行的规模经济效益要大得多，公司规模扩大 10%，成本只增加 1.4%。美国和欧洲所有的大型银行在 2015 年的规模经济效益都要显著高于 1986 年，除了花旗银行，因为早在 20 世纪 80 年代花旗银行的规模经济效益就已很高。

图 13-2 中显示的规模经济反映了其中存在着某种固定成本。在银行业中，用于技术上的投资就是一个重要的固定成本（金融服务行业在信息科技领域的投资是医疗保健和科技公司的 2 倍，是制造业公司的 3 倍）。[12] 要更好地理解固定成本是如何创造规模经济的，可以想象一下交易员每天在

交易大厅只完成一笔交易的情形。这笔交易的成本会十分高昂，因为整个交易基础设施的成本都集中在了这一笔交易上。随着交易数量的增加，固定成本被分摊到了越来越多的交易上，于是平均成本就会下降（图 13-3）。然而由分摊固定成本产生的递增效益，会随着交易活动的增加而逐渐减少。

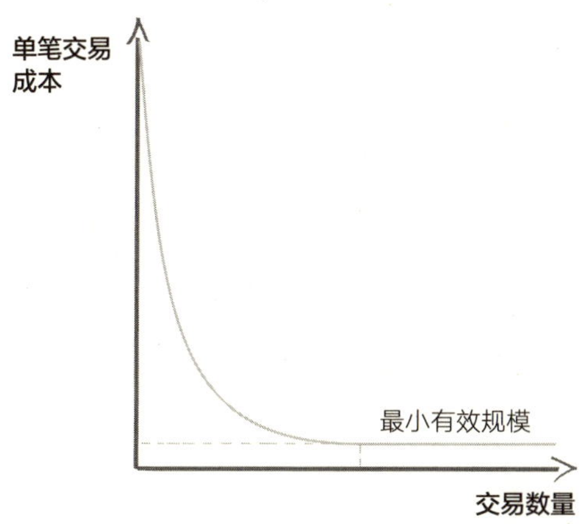

图 13-3 交易中的规模经济

寻找你的最小有效规模

你知道自己公司的最小有效规模（要实现成本竞争优势所需要达到的公司规模）吗？这是每一位公司经营者都应该知道的数字。[①] 如果你的公司

① 尽管最小有效规模有着如此重要的战略意义，它却并不会被呈现在标准财务报表上。要判断公司的最小有效规模，需要判断如果公司规模扩大 10%，成本会发生怎样的变化。特别是要留意你认为哪些成本项目属于固定成本（这些成本不会随着规模的扩大而发生改变），哪些成本项目属于可变成本。最后，对比在现有生产力和更高生产力下的平均成本。如果随着规模的扩大平均成本下降了，你的公司在与更大的竞争对手竞争时会因为太小而无法占据成本优势。如果随着公司规模的扩大，平均成本基本保持不变，你的公司已经达到甚至超过了最小有效规模。

规模小于最小有效规模，你将无法与更大的竞争对手在成本上竞争。然而，一旦你的公司达到最小有效规模，继续扩大规模也将不再会产生巨大的成本优势。事实上，对于很多公司来说，由于运营大型组织的复杂性，在规模扩大时平均成本反而会增加。

用于信息技术的支出并不是唯一能带来显著规模经济的固定成本。市场营销是另一个很好的例子。20 世纪 70 年代中期，当可口可乐和百事可乐都增加了广告支出后，软饮广告就成了美国电视上的保留节目。两大软饮巨人之间的广告之战持续了几十年。最终谁取得了胜利？

公司的市场份额出人意料。两家公司都取得了胜利。可口可乐和百事可乐在软饮市场的合并市场份额从 1970 年的 54.4% 增加到了 1995 年的 73.2%。[13] 两家公司的共同增长是以牺牲小规模竞争对手为代价得来的，小规模竞争对手无法将广告的固定成本分摊到更大的公司规模上。由于在电视荧屏上出现次数太少，很多曾参与竞争的几百家软饮生产厂家或被大公司收购或彻底被挤出了市场。

我们通常不想看到固定成本，因为固定成本需要我们必须做出重大投资决定，而且在商业周期的起起伏伏中很难得以调整。然而如果你的公司比竞争对手规模更大，固定成本就可以是一种优势。例如，可口可乐和百事可乐公司通过提升用于市场营销的支出，得以挤掉无法达到最小有效规模的竞争对手，进而提高了自己的市场份额。[14]

规模优势，一个强有力的准入壁垒

规模经济在其作用力最强的情况下，能为公司创造完全无竞争的市场。

沃尔玛多年以来都享有这一优势。沃尔玛大部分的实体店都位于人口密度较低的郊区。为了满足这些市场，沃尔玛建立了一个中心辐射式的分销系统，每个大型分销中心方圆 240 千米的 100 家卫星实体店供货。[15]

价值战略法则

Better, Simpler Strategy

沃尔玛，每一块地都用来卖货

这种配置给沃尔玛带来了 3 种益处。首先，通过把实体店安排在距离分销中心仅一天车程的地方，公司得以将中央仓库的固定成本分摊到大量的销售额当中，形成规模经济效益。其次，由于各实体店之间离得相对较近，送货卡车可以快速供应，形成了密度经济效益，这是一种特别的规模经济。店面与分销中心的距离每拉近 1 英里①，沃尔玛的年利润就会增加 3 500 美元。[16] 沃尔玛单在美国就拥有 5 000 多家实体店，密度经济显著提高了公司的收益。因为实体店可以快速得到供应补给，它们只需要在店内留出很小的空间来存放货物，这样一来店内几乎每块空间都可以用来卖货。[17]

最后，沃尔玛还得益于市场规模和固定成本。在规模较小的市场里，固定成本无法被分摊到大的业务量上。因此，拥有最大市场份额的沃尔玛享有独特的成本优势。即便有第二家参与竞争的公司能够完全匹配沃尔玛的基础设施并获得显著的市场份额，高昂的固定成本也

① 1 英里≈ 1.6 千米。——编者注

会让两家公司同时损失利润率。预想到这样的结果，潜在的竞争对手在一开始就不会轻易进入市场。也正因如此，沃尔玛在很多小型市场中几乎没有任何竞争。而当沃尔玛在市场中占据一家独大的优势后，它将价格提升了 6%。[18]

通过采取在无竞争市场实现增长的战略，沃尔玛在营收上已经成为全世界最大的公司。然而即便是沃尔玛，其核心优势（规模经济带来的低成本）也无法无限延续。现在沃尔玛面临着来自 3 个方面的挑战。沃尔玛在渗透城市市场方面依然没有成功，公司在城市里面临着一般商品（如 Target）和食品杂货（专注于食品的竞争对手，如 Kroger）领域的激烈竞争。在人口密度大的城市里，固定成本与市场规模的比例不足以削弱竞争，这使得沃尔玛难以占据主导地位。与此同时，沃尔玛的国际扩张也是喜忧参半。沃尔玛在包括墨西哥、英国在内的一部分市场中通过收购当地领先的零售商来复制它在美国享有的规模经济，市场表现还不错。然而在其他一些市场中，沃尔玛尝试建立自己的实体店网络，或者收购相对比较弱势的零售连锁商店（日本）；在这些市场中，沃尔玛或失败（韩国、德国），或发展缓慢（阿根廷、巴西）。[19]

最后的一个挑战是电商的崛起。线上零售商不需要负担由实体店基础设施产生的固定成本，可以成功进入沃尔玛的核心市场。[20] 亚马逊就专门把目标指向了沃尔玛利润率较高的一般商品领域。相比之下，利润率较低的杂货领域（占沃尔玛在美国的总销售额的 56%），似乎得到了更好的保护。这是因为美国消费者更倾向于到实体店里买杂货（97% 的销售额）或是在线上下单到实体店里提货，这对于像沃尔玛这样的拥有几千家实体店的公司来说是一大优势。[21]

沃尔玛的故事值得深思，是因为它让我们看到规模经济既能给公司带来成功，也可能会成为公司的羁绊。在第 8 章讨论支付意愿时，我们看到了网络效应对进入市场并获利的公司数量的限制。在价值棒上销售意愿的一端，规模经济也有类似的效应。图 13-4 显示的是美国城市餐厅和报纸的市场规模与竞争情况。[22] 随着城市规模的不断扩大，餐厅的数量也会按比例增加。在人口最密集的城市，餐厅数不胜数，质量也是参差不齐。如果一家餐厅倒闭，很快就会有另一家餐厅补上来。报纸却不同。在图 13-4 中我们可以看到，城市的大小似乎对报纸的数量没有任何影响。就连像纽约这样的主要城市也就只有几种城市报纸。在全美国各个城市，无论大小，处于领先地位的报纸的市场份额永远不会低于 50%。

是什么原因导致了这种差异？餐厅和报纸的成本架构很不一样。[23] 运营一家餐厅所涵盖的活动产生的主要是可变成本。在生意不太好时，主厨可以少买一些食材，店主也可以少雇佣一些员工。餐饮业无法通过固定成本遏制竞争，因此竞争十分激烈。而发行报纸的成本大部分是固定成本。在最大的城市里，各大报社通过扩大自己的新闻中心的规模进行竞争（如《纽约时报》拥有超过 1 600 名记者），以此生产出小规模竞争对手无法匹敌的高质量新闻。

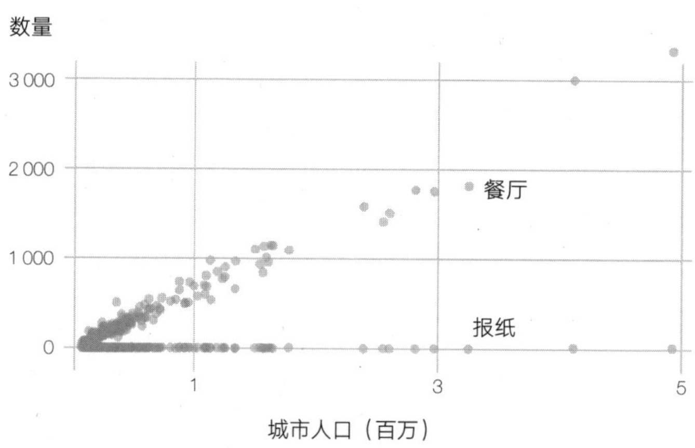

图 13-4　市场规模与竞争

注：版权归 John Wiley and Sons 所有（copyright 2010）。版权所有，经许可转载。

对于新闻业来说，质量是固定成本。而对于餐饮业来说，它是可变成本。因此，两个行业呈现出了截然不同的竞争格局。

简单的战略

3 个发展要点，用最小有效规模赢得未来

数字经济到来以前，要判断一个新兴市场的竞争态势首先要看固定成本。在互联网时代，通常情况下网络效应和固定成本对于市场内参与竞争的公司的数量有着同样的影响。但规模经济在很多行业里依然是至关重要的。以下几点内容我认为尤为重要：

- **每位战略家都应该了解自己公司的最小有效规模。**在尚未确定公司是否达到足够的规模并已产生成本竞争力的情况下，就进行战略方向选择是不负责任的行为。
- **最小有效规模会随时间发生变化。**其中有的变化反映着技术发展趋势和消费者品位的变化。还有一些变化来自成熟的战略决策。提高固定成本可以作为限制竞争对手数量的有效手段。[24]
- **如果你的公司是在质量上进行竞争的，就要对分别通过固定成本或可变成本来提升支付意愿带来的益处进行比较。**即使两种投资模式在短期内会有相似的财务回报，它们也可能对你未来将要面临的竞争对手的数量产生不同的影响。

14

学习效应，让你的竞争优势不断上升

学习曲线越长，效率提升越快

1909 年，当亨利・福特开始制造著名的 T 型车时，每辆车的生产成本为 1 300 美元。[1] 截至 1926 年，福特公司的工资涨了 3 倍，而生产汽车的成本却下降到了每辆车 840 美元。[2] 福特的秘密是什么？那就是学习曲线。[3] 随着公司累计生产量的不断增加，成本通常会下降，因为员工对产品和生产流程更加熟悉了，并且会找到新的提高生产率的方法（图 14-1）。截至 1926 年，福特已经累计生产了 1 000 万辆汽车，仅通过学习效应就将成本降低了超过 1/3。

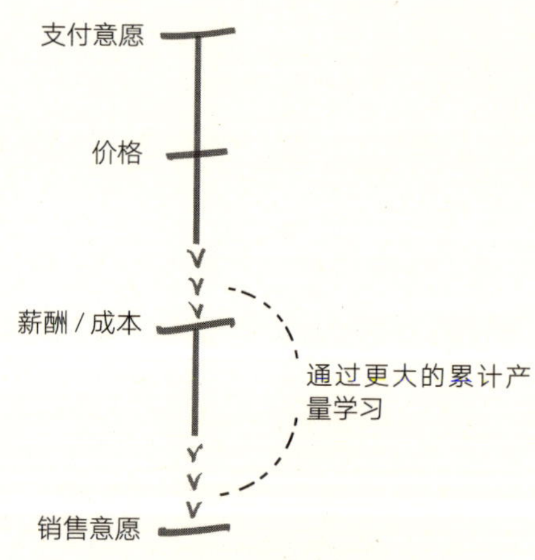

图 14-1　降低成本和销售意愿的新方法

现代汽车厂中也存在相似的效应。图 14-2 展示了当生产方式从流水线生产转向以团队为单位的生产时，公司会有哪些变化，即会产生怎样的学习效应。[4] 正如你所见，对于员工来说，学会协作并非易事。在转变之初，员工需要花费 400 个小时才能组装好一辆汽车。然而看看它的快速发展吧：仅在 10 周后，生产时间就下降到了 100 小时以内。

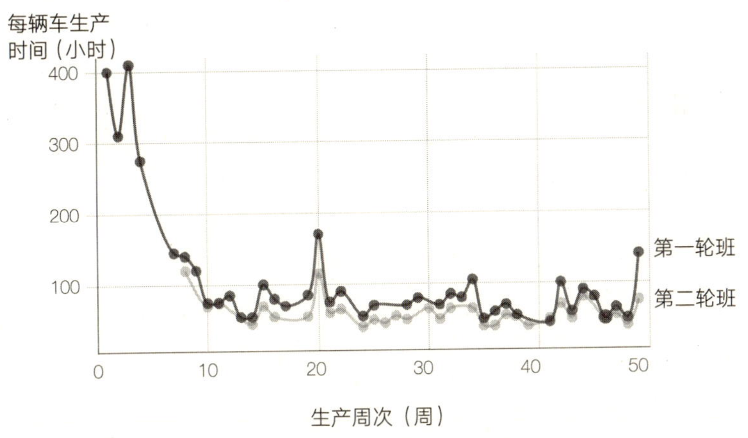

图 14-2　汽车装配中的学习效应

对于想通过学习效应竞争的公司，一个重要的问题是要看学习成果是否可以从一名员工转移至另一名员工，从已有厂房转移至新的厂房。你是否能锁定这些成果？还是说每次提高生产力都要对流程进行重新学习？图 14-2 展示的是一个完美的学习转移的例子。当公司在第 8 周增加第二个轮班时，新的团队可以即刻应用第一轮班的所有学习成果。

并非单纯与产量相关

学习不仅能提高生产率，还能在很多情况下提升支付意愿。例如在医疗保健领域，如果某个手术团队经常进行同一种手术，他们的手术时间便会降低。印度医疗集团 Narayana Health 和阿波罗医院（Apollo Hospitals）通过对复杂的手术收取非常低廉的价格，让更多不富裕的家庭也能负担得起手术费用。这就是在发挥学习曲线的作用。[5] 在 Narayana Health，平均每位手术医师每年进行 200 次开胸手术，是美国克利夫兰诊所医生进行开胸手术数量的 2 倍。这么高的手术量不仅能降低成本，还能提高质量。阿波罗医院和 Narayana Health 的手术成功率都可以与西方最好的医院相媲美。

正如这一章中的案例所示，学习可以有多种方式。近期，人工智能和机器学习领域取得的进展又一次激起了公司想通过学习获得竞争优势的兴趣。例如，异常检测算法能帮助不同行业在广泛的应用场景下节省成本。在制造业，人工智能可以防止故障零部件进入生产；在金融服务业，算法有助于识别欺诈行为；在医疗保健领域，机器学习可以识别异常生理数据。

很多学习方式与可用数据量、累计产出有关。然而我们也要保持开放的心态。英特尔的管理层很多年来一直十分重视内存产品的巨大产量所带来的学习效应，然而他们后来才发现学习效应并非与产量直接相关。曾经负责英特尔内存开发项目的周尚林（Sunlin Chou）解释道：“单纯用蛮力增加生产量无法让你学得更快。你必须通过检查晶圆来学习。学习效应取决于看过和分析过多少晶圆，做过多少次有效纠正措施。即使你已经处理过 1 000 片晶圆，真正的技术学习效应也许仅来自你分析过的那 10 片晶圆。”[6] 当时的高级副总裁，后来的英特尔首席执行官克雷格·巴雷特（Craig Barrett）说：“我们很晚才意识到不需要通过增加产量来学习。还有其他能让我们积累智慧的方式。”[7]

简单的战略

4 个方法激发创新，通过学习获得更大的竞争优势

在你考虑如何让公司通过学习效应获得竞争优势时，请记住以下几点：

- **如果你的学习曲线很长，学习效应将会遏制其他竞争对手进入你所在的市场。**如果你的学习曲线很短，学习效应会让竞争对手采取激进的竞争手段，所有人都想快速加大生产量。[8]
- **以中等速度降低成本的学习效应强度最大。**如果通过学习效应降低成本的速度太快（如图 14-2 所示的汽车行业中的案例）或者太慢，大于竞争对手的生产量并不会带来什么优势。[9]
- **当在行业学习中观察其他公司时，你很容易会想通过降价来追赶其他公司。**请记住，其他公司也会通过积累经验和观察行业里的其他公司来学习（和你的公司一样）。因此，公司之间越容易互相学习，你的降价计划就应该越温和。[10]
- **要意识到学习的负面影响。由于你能够从多次运行同一流程中受益，因此学习可能会让你的公司被套牢并放弃创新。**福特的 T 型车是一个很好的例子。在学习如何能以更低的成本生产汽车的过程中，福特公司发明了很多新的生产流程（图 14-3）。[11] 久

而久之，产品和流程就能紧密相连。在福特复杂的生产系统中，对 T 型车进行任何改造都需要在生产流程的多个节点进行调整，这种调整的成本极其高昂。也正是出于这个原因，福特只对 T 型车进行细微的调整，直到公司后来推出 A 型车时，重要的产品创新业务才再度回归福特。

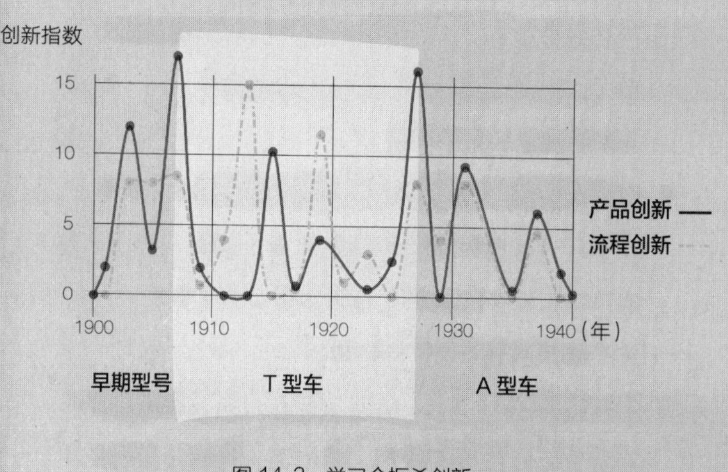

图 14-3　学习会扼杀创新

15 管理质量，通过差异化提升竞争优势

迈克尔・波特（Michael Porter）教授让大众知道了运营效益和战略的区别。他解释说，战略举措带来的是持久的竞争优势，而运营效益虽然重要但不足以使公司获得成功。[1]最终，所有人都在努力使运营更高效，但采纳现代管理做法并不会带来持久的竞争优势，因为一旦被证明有效，每家公司都会采纳相同的做法。明智的战略举措是创造公司之间的差异，而用于运营效益上的投资是在巩固公司之间的相似之处（图 15-1）。

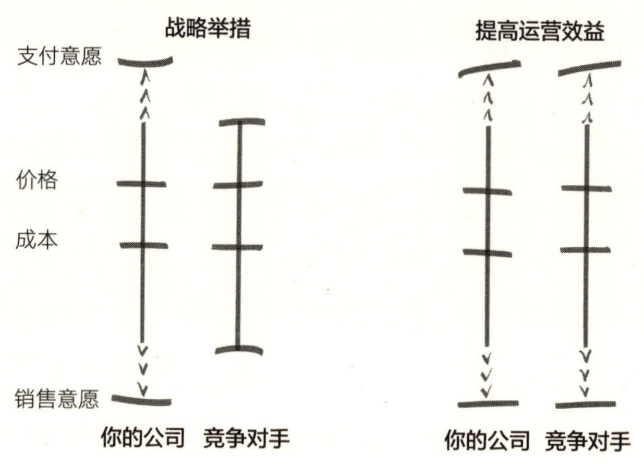

图 15-1　战略与运营效益

沃伦・巴菲特曾经讲过一个看游行的例子，可以很好地说明波特教授的这一有力观点："有位观众想要获得更好的视野，于是他踮起了脚尖。这种做法起初是有效的，直到所有人都同样地踮起了脚尖。于是，踮起脚尖这个让人疲劳的动作就成了看游行的必要动作，如果不踮脚尖，就什么都看不见了。这个时候，不仅优势消失殆尽，我们的处境也比刚开始的时候更糟了。”[2]

巴菲特的故事有两个前提。第一，踮起脚尖这个动作会快速传播，那么任何最初的优势都会转瞬即逝。第二，踮起脚尖这个动作给所有人带来的效应是相似的。所有观众都因为踮起脚尖高了一些，而原本身高上的差异基本未变。投资于运营效益是否真的像踮起脚尖一样？让我们一起来找到答案。我们先来讨论管理手段的传播速度。

现代管理手段不能实现长期生产率优势

事实证明，认为通过采纳现代管理手段无法实现长期的生产率优势的观点过于简单了。[3] 十多年以前，尼古拉斯·布卢姆（Nicholas Bloom）和约翰·范·雷恩南（John Van Reenen）两位教授组建了一个研究小组来系统地研究管理手段的扩散。研究人员在 30 多个国家进行了 12 000 次采访，并最终得出结论。[4] 我的同事拉弗埃拉·萨顿是该研究小组的一名重要成员，他这样解释该研究的主要结论：“如果你看一下我们的数据，核心管理手段明显不容小觑。即使是像设定目标和追踪业绩这样的最基本的工作，不同管理者的执行表现都呈现出了巨大差异。而这些差异是重要的，管理得更好的公司享有长期优势，它们的生产率更高、利润率更好，而且成长速度更快。”[5]

图 15-2 显示的是管理质量方面的一些差异。[6] 左边的一列显示的是公司是否定期追踪业绩，从 1（公司没有关键绩效指标）到 5（公司时常测量关键绩效指标且对此在组织内部有充分的沟通）。[7] 大约 18% 的美国公司拿

到了 5 分；在巴西，仅有 5% 的公司能拿最高分。而比各国之间的差异更有意思的是国家内部公司间的巨大差异。[8] 在德国，44% 的公司只拿到了 3 分或更低的分数（其中包括 2% 只拿到了 1 分的公司），这意味着它们依然没有达到绩效追踪的最佳标准；不过还有 18% 的公司拿到了最高分。

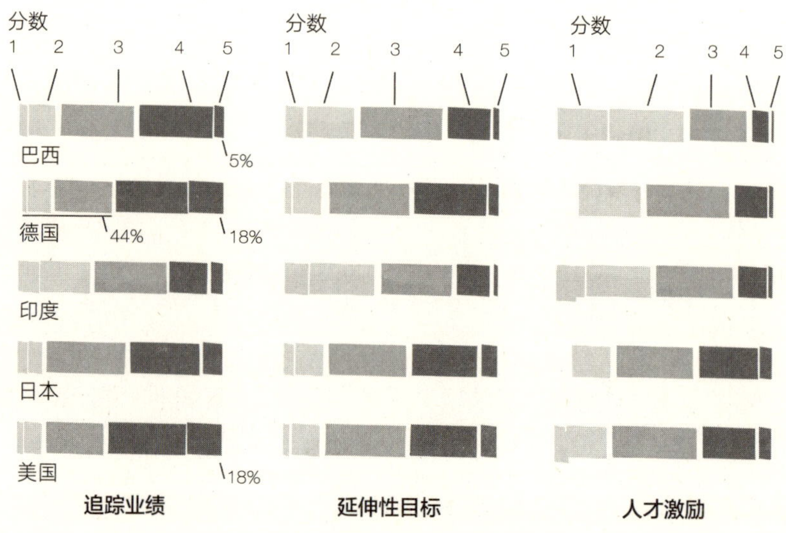

图 15-2　不同国家的一些公司管理质量的差异

这种卓越与平庸毗邻共存的情况在几十种管理手段的对比中反复出现。图 15-2 中间的这一列显示了公司在目标设定方面的管理差异，而右边的板块显示的则是公司使用评估和激励措施鼓励员工的力度。① 结果都一样。在相似的竞争环境下，总有一些公司表现得出类拔萃，而其他公司则平平无奇。甚至同一家公司的不同厂房之间，在应用现代管理手段方面也有着显著的差异。好的管理手段并不会自动扩散或快速扩散。

① "延伸性目标"衡量的是公司设定具有合理的挑战性目标的力度。"人才激励"显示了公司是否会定期评估员工并为业绩表现好的员工提供金钱或非金钱激励。

一个重要的问题是这些手段是否适用于所有地方。金钱激励手段的效力是否取决于工作类别？金钱激励手段是不是在某些文化，如盎格鲁萨克逊文化中能更加广泛地被接受？使用现代管理手段所得到的绩效结果会因公司而异，这是毋庸置疑的。[9] 即便如此，好的管理所带来的影响仍然是巨大的，它不会被外界因素或企业文化所淹没。想象一下：一家公司如果能从管理最差的 10% 之列提升到管理最好的 10% 之列，它的生产率能提升 75%。[10] 更好的管理所带来的益处在不同国家和不同文化间非常相似。单从生产率优势中就能看出，大部分公司都能从更好的管理中受益。

你可能在想，如果更好的管理能带来如此显著的优势，为什么有这么多公司没有采用核心管理手段？这其中有 3 个壁垒尤为重要。

- **了解你的公司：**很多管理者难以评估自己公司的管理质量。萨顿教授解释道："我们在与每家公司高管对话结束前，都会让他们对自己公司的管理表现打分，从 1 分到 10 分。这些公司高管给自己公司打出的平均分数为 7 分，这是比较高的分数，然而这些答案与公司是否采用现代管理手段并无关联。很多高管似乎并不知道自己公司的管理质量如何。"[11]
- **管理层的参与度：**有些高管喜欢事必躬亲的管理风格，他们频繁造访厂房，会就运营工作与员工、供应商进行一对一的沟通。也有一些高管专注于与公司高层的管理者之间的协作。这两种风格都没有特别的业绩优势，但是事必躬亲的管理者可能会认为流程导向性管理手段不过是自己参与管理的替代品。因此，这些高管通常会错过一些最有效的工具，如自动化业绩追踪和财务激励手段。[12]

- **理解承诺**：看不到好的管理可能带来的业绩成果是公司进行必要投资的最后一道障碍。数据表明，在大多数公司里，改善执行力的价值往往超出了很多管理者的想象。因此，管理欠佳的公司和管理有方的公司之间的差距会随着时间的推移越来越大。例如，不相信激励作用的高管通常不会推行这些举措，这会使公司错过一个验证并采纳管理手段的重要机会。

追求运营效益，战略的跳板

观看游行时踮起脚尖会适得其反，这不仅是因为每个人都会很快效仿这种做法，也是因为踮起脚尖的结果在所有观众中没有太大差异。投资于运营效益的公司是否也会面临同样的命运？它们是不是最终会和其他公司一样？

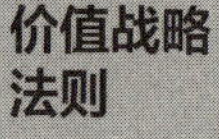

价值战略法则

Better, Simpler Strategy

从高效到高质量，英特尔的逆势发展

英特尔是一个很有趣的例子。作为早期在硅谷处于领先地位的内存芯片生产商，英特尔在20世纪80年代中期就已经落后于日本竞争对手。[13]日本高管在20世纪70年代开创了包括全面质量管理（Total Quality Management）和持续改善（Continuous

Improvement）在内的一系列管理方法，以更高的产品质量和更低的成本超越了英特尔。无论从哪个生产指标（设备利用率、良率、可靠性、整体成本、生产率）看，英特尔的表现与日本竞争对手相比都黯然失色。当时英特尔生产部门总负责人，也是后来的首席执行官克雷格·巴雷特（Craig Barrett）回忆说："我们的表现难以预测，我们不具备竞争优势，也不具备生产优势。我们意识到必须要做出改变了。"[14]

英特尔的目标是在1985年将成本减半，并在接下来的一年内将成本再次减半。为了实现这一宏伟目标，公司关闭了效率最低的生产厂房，并削减了近5 000名工人。余下工厂的经理必须对生产实践进行全面升级，不过他们通常是效仿日本的模式。与其日本竞争对手一样，英特尔消除了厂房和供应链上的一切污染源，将维护生产设备的责任转移至设备供应商，并将加工单元（"fab"）自动化。英特尔用将近10年的时间，耗资几十亿美元来重建运营系统。到20世纪90年代初期，英特尔的生产率与20世纪80年代相比翻了两番，设备利用率从20%上升至60%，良率从50%上升至超过80%。英特尔也逐渐成为一家高效率、低成本的生产商。[15]

英特尔的很多做法都与踮起脚尖相似。关闭效率低下的厂房和复制先进的生产技巧当然可以提升公司的财务业绩。然而正如波特教授和巴菲特强调的那样，这些做法无法创造差异性，因此公司也就无法取得长期竞争优势。[16] 对于英特尔来说，复制日本的做法仅仅是第一步。公司以复制现代管理实践作为起点，同时在实现这一目标的过程中探索可以降低成本、加快速度，以及提升质量的新方式。

英特尔存在着的一个问题是研发人员在生产线上直接进行制程工艺的创新，他们与生产人员并肩工作。这种做法缩短了从研发到加工之间的转移时间，对于像英特尔这样的靠率先推出高能内存芯片来参与竞争的公司来说，这是一个关键性优势。[17] 然而联合开发制程有着非常严重的缺点。这种做法会造成设备利用率低下，因为研发团队和生产团队经常争着使用设备，同时也会导致不成熟和难以预测的生产结果。

为了追赶日本竞争对手，英特尔开始将研发和制造分离。例如，英特尔的 1 微米 386 微处理器是在波特兰被研发出来的，但生产地却在阿尔伯克基。[18] 久而久之，公司在将技术从研发转移至生产、从一个工厂转移至另一个工厂等方面，具备了世界一流的能力。[19] 英特尔也因此得以在不影响质量的情况下加大生产量。那么英特尔又是如何利用这一能力的呢？

英特尔做出了两项改变格局的战略决策。它把当时占市场份额小、利润率低的内存芯片市场让给了日本竞争对手。在英特尔成立之初，速度对于芯片来说非常重要，然而到了20世纪80年代中期却已无足轻重。此时英特尔开始专注于微处理器领域，在这个市场里，卓越的设计能力和先进的制造能力成为英特尔巨大的潜力所在。[20]而令其顾客难以置信的是，英特尔决定从1985年的386开始，独立完成微处理器的生产。[21]这在半导体行业中是前所未有的。半导体公司通常会把自己的设计授权给竞争对手公司，以向顾客保证能够满足其需求。英特尔独立完成产品生产的决定有赖于它对生产实践的改善。巴雷特回忆道："英特尔在顾客心中享有足够的信任，这有助于实现单一源生产。我们在20世纪80年代初期用于质量上的努力开始显露成效，生产线有了更强的稳定性，产品质量整体上得到提升。"

通过追求运营效益，英特尔最终获得了宝贵的战略机遇，单一源生产便是其中之一。英特尔在这方面是具有代表性的。提高运营效益的项目通常能为战略更新奠定基础。[22]这就好像是看游行的观众，在踮起脚尖的一瞬间看到了新的画面。于是他对格局有了不同的认知并开始改变应对策略。英特尔的技术转移战略后来被称为"精确复制"（Copy Exactly）战略，它在最终成形以后，已经不再易于被模仿，因为这涉及组织层面和企业文化的调整。在"精确复制"战略下，公司的生产工程师失去了很多自主权。英特尔的尤金·米埃尔（Eugene Meieran）回忆说："在当时这是个重大的文化问题。工程师会说：'我是工程师。我要对制程工艺进行调整，为什么一个小小的变动都要通过层层上报来获得高管批准？'"[23]不出所料，一

些工程师因不满于这种改变而离开了英特尔。[24]

当组织在运营效益上进行投资时，它们当然有可能选择开展与竞争对手完全相同的运营活动。然而这种情况发生的可能性并不大。因为即使两家公司采取同一种管理手段，如持续改善或高能激励，它们在执行上也会各有不同，且会在这个过程中发现和使用不同的方式来提升支付意愿或降低销售意愿。因此，运营效益也可以成为战略更新的有力跳板。

简单的战略

四大管理实践，提升运营效益与价值创造

思考运营效益对公司间的生产率差异所产生的影响，我得到了以下几点见解：

- **好的管理实践和运营效益有助于创造公司间的差异性。**它们具有难以实现、扩散速度慢的特点，并且可以成为取得长期竞争优势的基础。
- **从英特尔的例子中我们看到，运营效益与战略相辅相成。**我的建议是不要在意两者之间的差异。不要仅因为一项举措是用于运营效益的投资就放弃它。它也许会成为战略更新的催化剂。
- **与其问某个项目属于“战略”范畴还是“运营效益”范畴，不如思考它们在提升支付意愿或降低销售意愿方面的潜力。**一旦某个项目成功落实，你的竞争对手是否能轻易复制它？如果一个项目切实有效且难以复制，那么它将会改善你的竞争地位并提高利润率，无论这个项目是一个明智的战略举措还是改善运营效益的管理实践。
- **改善管理质量可以创造显著的价值，这是毋庸置疑的。**但是要切记，好的执行力绝不能代替有效的战略。类似“执行每次都会打败战略”和“文化能把

战略当早餐吃”的口号都是无稽之谈。如果不能改变支付意愿或销售意愿，一个项目实施得再完美也无法创造价值。

Better, Simpler Strategy

第五部分

战略的全面落地，让价值驱动朝着我们想要的方向移动

优秀的战略家通常
会做 3 个重要的选择。

Better,
Simpler Strategy

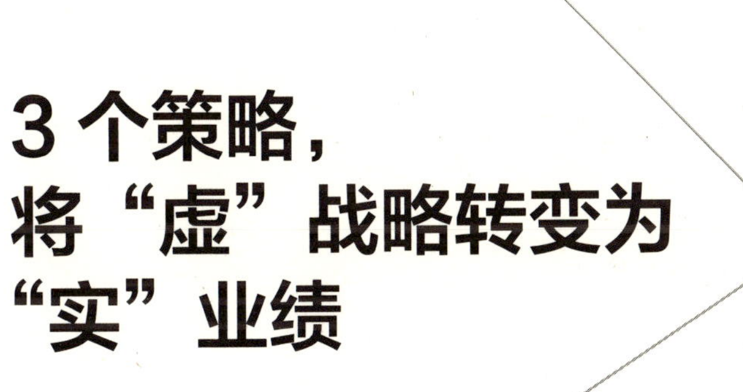

16 3 个策略，将“虚”战略转变为“实”业绩

一旦确定了创造价值，即提升支付意愿或降低销售意愿的方式，就到了战略实施的时候了。还有什么比这更让人兴奋的呢？在这一步，你会有很多问题。如何改变公司内部活动？如何调整投资模式？应优先考虑哪些项目？在本书的最后一部分，我们将看到公司是如何从战略制定转向战略实施的。

在对某个举措和项目做任何投入之前，首先要详细了解这些项目会如何改变支付意愿或销售意愿，这一点至关重要。公司的战略通常是建立在宏观的战略规划上的，其中很多是简单的配方式战略，如成为你所在市场的第一名或第二名、创建一个强大的品牌、对相邻业务进行投资或形成全球规模。当对这些配方式战略进行研究时，我发现它们通常对于有些公司是适用的，但对于其他公司并不适用。例如，关于一个卓越的品牌能带来持久的竞争优势的说法。品牌战略咨询公司凯度（Kantar）每年都会发布全球最有价值的 100 个品牌名单。你应该能猜到，像苹果、谷歌这样的公司通常高居榜首。但排名中也同样有一些鲜为人知的公司，如印度尼西亚的中亚银行。在处于领先地位的品牌中，有 57 个来自美国，14 个来自中国。

这份品牌名单所涵盖的数据广度尤其值得关注。凯度考虑的诸多参数包括品牌的市场份额和价格溢价、突出性（消费者是否能迅速想到它），以及独特性和意义（它是否能以有效的方式解决顾客的需求）。[1] 为了形成这个名单，凯度在超过 50 个市场中采访了 360 万名消费者。显然，能够在衡量指标中取得高分的品牌就是高价值品牌。根据凯度的统计数据，全球顶尖的 100 个品牌总价值达 4.4 万亿美元，超过了德国的国民生产总值。

你可以想象在得知“世界上最有价值的品牌”这一称号对公司的整体财务成功起了多大的作用时，我有多么惊讶。答案是：平均来看，完全没有起到任何作用。图 16-1 显示了 2013—2018 年品牌强度（按凯度的衡量结果）的变化与财务业绩变化之间的对比。[2] 正如你所见，有时候世界会按我们预期的方式运转。例如家得宝，其品牌价值提升了将近 290 亿美元，投资回报率提升了 18%，接近 34.7%。而 IBM 的情况却恰恰相反：它的品牌强度和财务业绩都受到了影响。我们同样不难理解惠普的情况，惠普的确显著提升了利润率，却是通过品牌建设以外的方法提升的。但像 Visa 和谷歌这样的公司的数据就让我们难以理解了。这两家公司的品牌价值都得到了显著提升，谷歌的品牌价值更是提升了 1 880 亿美元。然而这种品牌价值的提升显然没有对公司的利润率产生任何影响。埃森哲更让我们惊讶。这家公司的品牌价值得到了提升，而利润率居然下降了！在可以获取其财务数据的这 75 家公司样本中，品牌价值变化与投资回报率变化的相关性为 0.0353，我们干脆把它当成 0 好了。

此时此刻你的思维一定是如潮水般奔涌的。我们该如何解释这些数据呈现出的规律？是不是因为科技公司有什么特别之处？强大的品牌公司是不是有收益递减的情况？如果埃森哲没有了品牌强度是不是会表现得更糟？但从图 16-1 中我们很难判断。然而有一点是显而易见的，那就是品牌强度和利润率之间的关系也许是实施品牌战略合理的出发点，但其实却并没有你想象的那般简单明了。

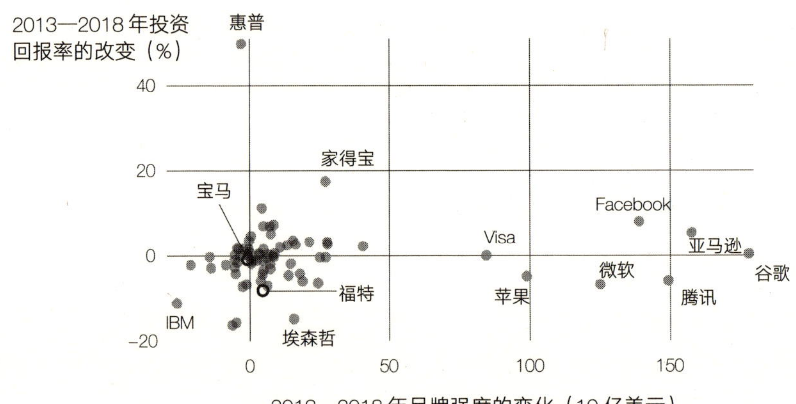

图 16-1　品牌价值与财务成功

再思考一下关于规模会带来更高的生产率和利润率的说法，这是我们曾经在第 13 章中讨论过的问题。图 16-2 显示的是美国律师事务所的规模和利润之间的关系。

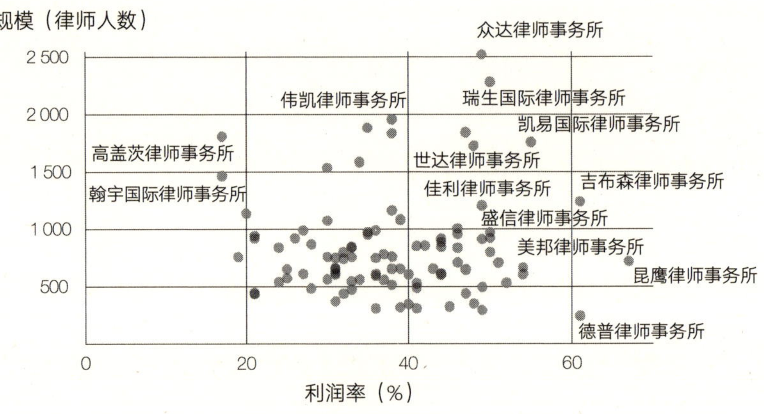

图 16-2　律师事务所的规模与利润率

律师事务所的规模（通过律师数量衡量）与其利润率之间并没有明显

的相关关系。[①] 虽然凯易国际律师事务所（Kirkland & Ellis ）规模很大，在财务上也很成功。但是与之规模相似的高盖茨律师事务所（K& L）的利润率却在最低的 10% 之列。

从以上例子中我们可以看到，在投入和开始实施一项战略举措之前，你应该问一下，你最喜欢的确保战略取得成功的方案在哪些场景下能够提升支付意愿或降低销售意愿？这个问题很重要，因为它在提醒你要找到改变支付意愿或销售意愿的具体机制（图 16-3）。通常只有我们观察到了底层机制，才能理解为什么整体来看合理的战略建议并不一定适用于特定的公司场景。检验某个机制是如何提升支付意愿或降低销售意愿的，同样能让你知道公司实施战略所需的资源和能力。从图 16-3 中，我们能看到机制与资源之间的相关关系。

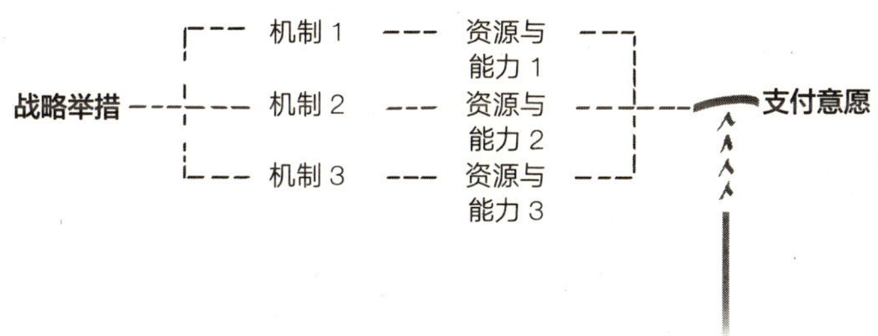

图 16-3　提升支付意愿的不同机制

询问某个战略举措是如何创造价值的，通常能给我们带来出乎意料的启发。有时看似是一个战略、一个成功的方案，实则是一套分别需要独特

① 一些规模较大的律师事务所未在图 16-2 中显示，因为它们是以联盟的形式运营的。这些律师事务所的平均利润率都比较低，但衡量其业绩的财务指标不能直接与图中所示的合伙人律师事务所相比较。

能力和资源的不同战略。[3] 例如，一个强大的品牌能够通过彰显某种身份地位、降低不确定性、建立品位和规范来提升支付意愿。这取决于它们各自采用的机制，品牌通常会以截然不同的方式取悦顾客。我将分别介绍这几种机制，看看它们有多么不同。

策略 1：彰显顾客身份

通过产品品牌帮助顾客彰显身份的概念是很直观的。各品牌为了做到这一点所使用的方法是巧妙且有趣的。例如梅赛德斯奔驰，它把公司最著名的三叉星徽放在大部分车型的引擎盖或者格栅上。三叉星的大小不同，从不到 8 厘米到接近 20 厘米。最大的三叉星是为价格最低的车型准备的。平均来看，车型上的三叉星的大小每缩小 1 厘米，价格就会高出 5 000 美元。[4] 根据奔驰品牌经理的理解，相对不那么富裕的顾客群体对于通过品牌标识获得社会地位差异化的支付意愿更高。相比之下，更富有的顾客群体则倾向于含蓄的标识，于是便有了更小的三叉星的设计。

我们在其他奢侈品市场中也能观察到类似的规律。例如，韩永吉（Young Jee Han）教授及其合著者一起研究手提包市场时发现，品牌能分别提高 3 个不同顾客群体的支付意愿。[5] 对于最富裕的顾客群体，如传统世袭贵族来说，品牌象征着对这个贵族群体的归属感。对于新贵来说，品牌可以将他们与那些没有自己富裕的社会群体区分开来。同时，奢侈品手提包为那些不那么富裕但渴望社会地位的人提供了某种认同感。让我们来看看古驰是如何分别提升这几个顾客群体的支付意愿的。图 16-4 展示了古驰的 Sylvie 和 Marmont 系列的两款手包。[6]

图 16-4 古驰手包：Sylvie 系列（左）和 Marmont 系列

Sylvie 系列手包（31 000 美元）设计低调，需要顾客识别古驰的红绿条纹并注意到真正的鳄鱼皮的独特光泽。这款手包是为传统贵族设计的，这些贵族认为低调、内敛是贵族群体的向征。古驰在这款手包的设计中隐藏了品牌标识，只有识货的人才能识别出来。而比较高调的 Marmont 系列手包的中间位置有一个显眼的古驰标识（2 790 美元），这款手包在看重清晰的社会界限的新贵中很受欢迎。韩教授的数据显示，这一部分群体不会买 Sylvie 系列手包，因为他们辨别不出这是古驰的手包。[7] 正是因为古驰的品牌策略，传统贵族顾客的时尚风格得到了保护，不必担心遭到新贵的跟风和冒充。伪造品的最大需求来自收入相对较低但渴望获得社会地位的群体。因为这一部分群体希望通过手包来表达一种明确的信号，因此 Sylvie 系列手包的伪造品的价格（319 美元）甚至要低于 Marmont 系列手包的仿制品的价格（359 美元）。

策略 2：减少不确定性

怎样才能把一件有很多替代品的产品的支付意愿提升到可以索要 200% 溢价的程度？问问拜耳是怎么做到的。这家医药公司在 1897 年发明了阿司匹林，而这一药物所带来的成功在一个世纪之后依然在延续。最不可思议的是阿司匹林并不受任何专利保护，市面上有很多竞争产品有着完全一样的活性成分（乙酰水杨酸）和计量，同样易于获取，而价格却远远低于拜耳。药店甚至还会在货架上贴一个小小的“与某品牌药物同效”的比较性标签，提醒顾客如果选择拜耳阿司匹林，那么他即将购买的会是一款要价过高的产品。在这种情况下，拜耳又是如何维护自己的竞争地位的呢?

像拜耳这样的公司，其品牌价值在于它降低了某款药物药效的不确定性。仿制药真的和“真”药有着同样的药效吗?也许拜耳比其他生产相同药物的厂家更加可靠?当不确定性消失时，这些品牌就会贬值。掌握更多信息的顾客，如那些能够清楚地罗列出阿司匹林活性成分的人，更有可能不购买品牌药。一项对比品牌药物与相似替代品的研究预测，如果所有人都如药剂师般掌握着相关信息，品牌药的市场份额将减少 50%。[8]

阿司匹林并非特例。业余厨师购买品牌盐和糖的数量是职业厨师的 2 倍。在所有产品类别里，美国消费者每年在有相似的自主品牌替代品的产品上的消费高达 1 660 亿美元。[9] 在所有这些例子中，品牌通过为顾客注入产品信心和向顾客保证他们购买的产品能满足预期的质量要求来创造价值。因此，我们可以毫不惊讶地看到，在产品质量参差不齐的市场中，这种品牌溢价更高。

策略 3：设定性能标准

在有些情况下，品牌通过提供某种体验使我们知道某个产品该有的外观、触感甚至是味道来提升支付意愿。占据美国咖啡市场 25% 份额的福爵咖啡（Folgers）是美国排名第一的咖啡品牌[10]（星巴克的市场份额为12%）。然而，福爵咖啡在纽约却并没有取得多大的成功，因为那里是由麦斯威尔咖啡主导的市场。麦斯威尔咖啡在纽约的优势并不是秘密：这是一个使纽约人知道了咖啡的味道的品牌。麦斯威尔远早于福爵进入纽约市场，纽约人已经习惯了麦斯威尔咖啡的味道，现在他们对于这个品牌的喜爱胜过任何其他品牌。

巴特·布朗南伯格（Bart Bronnenberg）教授和他的同事在分析市场份额时发现，类似的故事在美国不同的市场都在上演。[11] 第一个进入市场的咖啡品牌都会占据最大的份额。福爵咖啡于 1872 年在旧金山成立，是在美国西部处于领先地位的咖啡品牌。麦斯威尔于 1892 年在纳什维尔成立，它在美国东部和东南部地区的市场中处于领先地位。消费者在对比不同咖啡品牌的产品时，味蕾告诉他们最喜欢的还是熟悉的味道，也就是最先进入当地市场的品牌。

味觉忠诚对很多包装消费品的影响尤为显著。如果你在印度长大，我猜阿牟尔（Amul）是你最爱的牛油品牌；在墨西哥，宾宝会是你最爱的面包品牌。[12] 可见第一印象起着决定性作用。在美国，百威淡啤是最受欢迎的啤酒，然而它在芝加哥市场中只能屈居第二，因为米勒啤酒远早于竞争对手进入这个市场。洛杉矶人偏爱哈曼的蛋黄酱，而丹佛人则更爱卡夫，这就是可以反映产品进入市场顺序的选择规律。消费者在成长过程中逐渐形成了属于“他们”的对于产品的味觉喜好：“蛋黄酱就应该是这个味道。”味觉忠诚也解释了为什么戈德瑞吉（Godrej）的食品类产品在印度表现得非常出色，以及为什么高露洁的牙膏在美国利润丰厚。

味觉忠诚只是由品牌设定的难以被取代的标准的一个例子。亚马逊使美国人知道了一键式购物是种怎样的体验。微信让中国消费者感受到了用聊天软件完成所有付款需求是种怎样的体验。爱彼迎设定了我们寻找民宿的标准。有时，品牌名甚至成了某项活动的代名词：我们用谷歌搜索信息，用舒洁擦脸，还有用抖音看视频。在所有这些场景中，后来进入市场的品牌都面临着两难的选择：一方面，当自己提供的体验不符合预期标准时，它们会让消费者失望。另一方面，如果它们完全效仿前人又会失去自己的独特性。

图 16-5 总结了强势品牌提升支付意愿的 3 种机制。

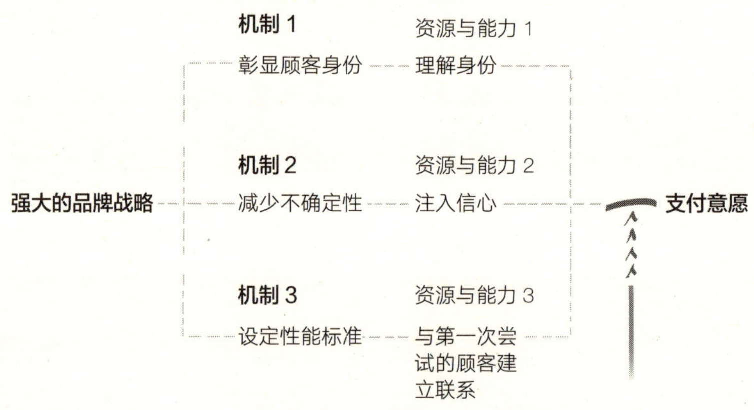

图 16-5　品牌提升支付意愿的 3 种机制

思考某个拟定的战略是否能够提升支付意愿是很有必要的，因为答案往往能让我们看到在哪些情况下这一战略可能无法改善企业的财务业绩。品牌强度为宝马车提升了支付意愿。驾驶宝马 i8 全电动汽车的确是身份地位的象征。然而你是否会因此对福特福克斯或者雪佛兰黑斑羚的品牌强度进行投资?

让我们一起来看一下图 16-5 中显示的 3 种机制。在汽车市场中，身份地位似乎是为豪车和皮卡准备的。第一种机制，也就是通过品牌彰显顾客身份，似乎对于福特福克斯或雪佛兰黑斑羚这样的中型轿车来说并不会有什么效果。而对于第二种机制，即减少不确定性，汽车的质量曾经是严重的问题。汽车经常发生故障，顾客想获得某个车型的性能信息也非常困难。在这种市场环境下，强势品牌就具有了很高的价值。然而今非昔比！今天的汽车性能要可靠得多，关于某个车型的长期性能的统计数据也是触手可及的。因此，在汽车市场中，用品牌降低不确定性不太可能会创造出太多价值。第三种机制是设定性能标准，也就是某种产品早期的体验能创造出长期的品牌忠诚度。例如在中型轿车市场中，很多顾客反复购买一个品牌的汽车，但只有一小部分是出于真正的品牌忠诚。[13] 目前，能证明早期驾驶体验会永久性地提升某个品牌的支付意愿的证据非常有限。

从这 3 种机制的角度考虑，用于福特或雪佛兰品牌上的投资可能只是一种浪费。事实上，即使是在企业层面，我也没有找到任何证据可以表明福特或通用汽车的品牌价值与它们的财务业绩之间有任何关系。

简单的战略

三大品牌战略，可以带来长期的财务业绩

虽然这部分的内容侧重于品牌战略，但是主要观点适用于更广泛的领域。

- **实现战略成功的方案中通常隐藏了真正将支付意愿或销售意愿与财务业绩相关联的机制。**例如，规模可以是规模经济（更低的成本和销售意愿）、学习（更低的成本和销售意愿）、网络效应（提升支付意愿），以及对互补品进行投资的动机（提升支付意愿）等。
- **你采用的机制决定了公司在执行战略时所需要的关键资源和能力。**还记得第 9 章中 Friendster 失败的案例吗？对于 Friendster 来说，规模代表着网络效应，因此追逐北美和印度尼西亚的用户是错误的。如果规模所代表的是规模经济（如一家全球科技平台的固定成本），那么同时追逐多个市场就不失为一个合理的战略。
- **通过具体描述将战略意见与支付意愿或销售意愿相关联的机制（通过询问战略会如何影响支付意愿或销售意愿），你会更深入地理解战略规划对财务业绩的影响。**如果有些战略对于如何改变支付意愿或销售意愿没有明确的引导作用，那么这些战略即使得以完美实施，也很可能无法带来长期的财务业绩。

17 为得而舍，什么都想做的公司无法创造显著价值

如果说哪位企业家的职业生涯最能体现什么是幸运的意外（还有意外的幸运），那一定是 Flickr 和 Slack 的联合创始人斯图尔特·巴特菲尔德（Stewart Butterfield）。巴特菲尔德创立的第一家公司开发了一个多人线上游戏，其主要目的是打败对手。虽然游戏没能打败对手，但为开发游戏所创造的工具成了 Flickr 的基石。Flickr 是后来由巴特菲尔德创立的图片分享网站，最终被雅虎收购。巴特菲尔德随后又创立了 Glitch，虽以失败告终，但他再一次证明了，即使项目失败了，为这个项目而开发的软件在其他领域仍会大有用途。就这样，Slack 诞生了。这一工作场景交流平台已于 2019 年上市。一年之后，公司市值达到了 150 亿美元。

Slack 公司从很多方面体现了我们在这本书中探索的思维。这家公司注重用户的支付意愿和员工的销售意愿。Slack 努力地跳出了狭隘的产品思维。2014 年，在一封现在已经被誉为经典的标题为“我们这里不卖马鞍”（We Don’t Sell Saddles Here）的备忘录中，巴特菲尔德解释了专注于支付意愿是如何开启更多商机的：

> 假如有这么一家公司，“极致马鞍公司”。它可以只卖马鞍，如果是这样，其业务就是建立在所用皮革的质量及用于马鞍的各种花哨的装饰物上的……或者，它可以卖骑马这项运动。如果能成功地把骑马运动销售出去，那么这意味着它既能扩张产品市场，

又能为人们谈论自己的产品提供完美的场景。[1]

正是因为公司信奉的是更广泛的价值创造理念，Slack 在很多用户眼中是新颖且独特的。这就很有意思了，因为 Slack 既不新颖也不独特。Slack 进入该市场之前，这里已有很多类似的产品，然而 Yammer、HipChat 和 Campfire 都没能抓住机会，因为用户难以理解群体通信是如何创造价值的。巴特菲尔德这样形容深入了解用户支付意愿的过程：

> 我们的工作不仅是要创造真正好用的产品，创造能让人们的工作更便利、更愉悦、更高效的产品，也要理解用户认为的自己的需求，然后将 Slack 的产品价值转化为用户所能理解的语言……把自己置身于第一次使用 Slack 产品的用户的思维中，而且要是一位真实存在的用户，如某位被老板要求试用这款产品的员工，本来就因为早上没时间吃早餐有些生气，现在只想赶紧完成手头的项目以迎接即将到来的长周末。采用用户的思维意味着把 Slack 产品当成一个与你毫不相干的软件，你没有对它进行投资也不是特别感兴趣。[2]

巴特菲尔德和他的团队在开发这款交流平台之初，做出了一个对于这种执着于支付意愿的公司来说尤其让人匪夷所思的决定。与其开发一款各方面都非常好用的产品，不如把能量都聚焦在了 3 项功能上：搜索、跨设备同步和文件共享，同时舍弃很多其他有吸引力的功能。为什么一家如此在意用户支付意愿的公司会选择走捷径？为什么不好好地做呢？为什么不去开发所有功能呢？这种认为专注于支付意愿（或销售意愿）就意味着要面面俱到，意味着无论用哪个指标衡量都越做越好的思维，可能是采取完全以价值创造为中心的战略的最大风险。通常什么都想做的公司最终都无法创造显著的价值，因为每个价值主张反映的都是一整套战略取舍，是选择做与不做的组合，是希望与失望的融合。

Slack 只专注于 3 项功能的选择就是这样的一种取舍。我的同事文英美教授在其关于差异化的书中称 Slack 这样的公司为逆向定位的品牌。[3] 这类品牌选择在很多方面只满足最基本的要求，只为在其他方面惊艳四座。宜家、捷蓝航空、早期的本田卡罗拉，以及 Slack 都采取了逆向定位的战略。

资源限制是公司采取逆向定位的主要原因。为了在某一方面做到最好，如搜索功能，Slack 不得不舍弃很多其他功能。这一原则不只适用于资源尤其有限的初创公司。卓越的业绩需要稀缺资源的供养：时间、资本和管理精力。将这些资源投入某一领域（来实现卓越）意味着其他领域将无法获得资源。将资源分摊到很多产品性能和无数服务功能上的公司最终只会在每一项上都平庸无奇，因为它们都缺乏足够的资源来真正实现卓越。我的同事弗朗西丝·弗莱和安妮·莫里斯（Anne Morriss）教授在对服务质量超群的公司进行分析时写道："你必须要在某些方面做得差，才能在其他方面惊艳四座。"[4]

取舍的逻辑是无懈可击的，且不难理解。"我们进行了很多次对话来选择 3 件我们想要做到极致、让人惊艳的功能。"巴特菲尔德说，"最终，Slack 就是围绕这 3 个功能发展起来的。这听起来很简单，但缩小业务范围能让公司更好地应对巨大的挑战及管理巨额的收益。你一下子就占据了领先优势，因为你在能真正影响用户的领域做得最好。"

构建价值地图，将取舍可视化

在哈佛商学院的很多高管教育课程里，我们都会进行被称为“价值地图”的练习。在所有为课程学员安排的实践活动中，这个练习是最具影响力的活动之一。我们可能与几百家公司做过这个练习，每次都会给学员留下深刻的印象。

构建价值地图的第一步是选择一个用户群体，如果你要构建员工的价值地图，那么先选择一个员工群体。接下来，你要罗列出一系列用户做购买决定时会考虑到的重要因素。这些因素被称为价值驱动因素（图 17-1）。我们将这些因素视为决定支付意愿（或销售意愿）的产品和服务属性。

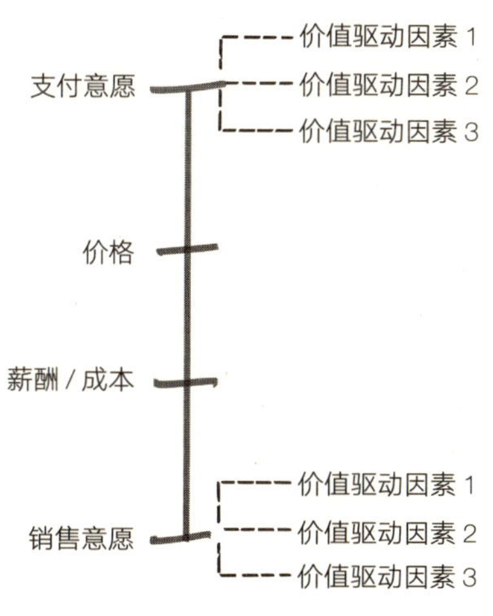

图 17-1　价值驱动因素

然后你需要将这些价值驱动因素按重要性的程度进行排序。例如，与所有其他因素相比，你的用户可能最在意的是服务速度。那么，速度就应该排在第一位。如果你的用户不那么在意服务的价格，价格就应该排在靠下的位置。请记住这个重要性是从用户的角度出发的，而不是你的角度。最后一步是标出公司在每一个价值驱动因素上的表现，即是否满足用户需求。例如，速度也许对于用户来说很重要，但你的公司在提供快速服务方面表现平平。[5]

价值地图能使你对自己公司和竞争对手公司的竞争地位和战略机遇一目了然。[6] 图 17-2 显示的是全球四大咨询公司之一 Source Global Research 的价值地图。这个价值地图是根据伦敦的该公司的调查结果构建起来的。为了整理出价值驱动因素并对其进行排名，Source Global Research 公司每年对 3 000 名高管进行访谈，了解他们近期在咨询服务方面的体验。

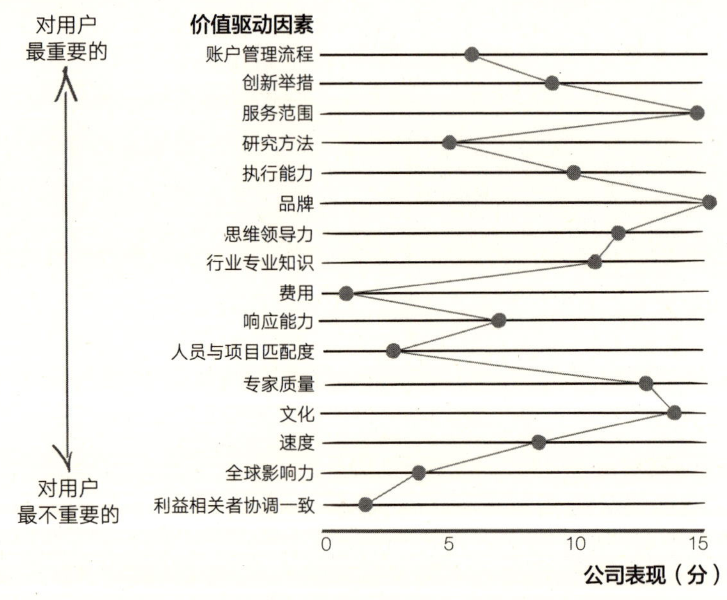

图 17-2　Source Global Research 公司的价值地图

正如你在图 17-2 中所看到的那样，这家公司的用户最在意的是公司的账户管理质量和创新举措。这是排名最高的两个价值驱动因素。全球影响力和利益相关者的协调一致相对没那么重要。图 17-2 显示，这家公司的价值主张并没有很好地与用户的支付意愿相匹配。公司在一些重要的服务属性（如创新）上表现欠佳，而在对于用户来说无足轻重的领域却表现得超乎预期（如文化）。Source Global Research 的联合创始人和联合管理总监菲奥纳·切尔尼亚瓦斯卡（Fiona Czerniawska）对这样的结果并不感到惊讶。

> 大部分咨询师都有很强的客户服务意识，他们确实想满足客户的需求。然而他们并不真正了解客户的需求是什么。于是他们倾向于向客户提供自己认为客户需要的服务。这些咨询师没有接受过与客户进行相关对话的培训。当客户向他们要提案时，咨询师只说了自己的工作内容，却不会询问客户："您为什么会来到这里？您为什么没有在公司内部做这项工作？我们要如何为您提供最大价值？"因为没有这些沟通，与客户真正需求相关的因素就自然不会出现在提案里，也就意味着执行这个项目的工作人员并不理解自己在做这个项目的原因。[7]

咨询行业并非特例。很多行业的价值地图都与图 17-2 相似。如果价值驱动因素被合理地按照最重要到最不重要进行排列，理想的价值曲线，也就是连接每个价值驱动因素和表现的线，应该呈现出从右上方到左下方的倾斜。在这种情况下，公司在重要的因素上的表现超出预期，并通过将资源从排名较低的价值驱动因素上转移至更重要的价值驱动因素上来维持卓越的业绩。为什么不在各方面都做到完美？答案是取舍。倾斜的价值曲线反映的是实现卓越服务所需要的取舍。

当高管的雄心遇到取舍

我在哈佛商学院开展这个练习的时候，总会在高管们开始绘制自己公司的价值地图前讨论取舍的重要性。这通常会是一个简短的对话。每位学员都同意，公司不可能做得面面俱到；真正实现卓越业绩需要公司把资源从一些不太重要的价值驱动因素上转移至能够影响支付意愿的用户会考量的因素上。

在学员们完成自己公司的价值地图后，我让他们用箭头标出未来希望如何改变公司的价值主张（图 17-3）。你是否已经猜到了结果？

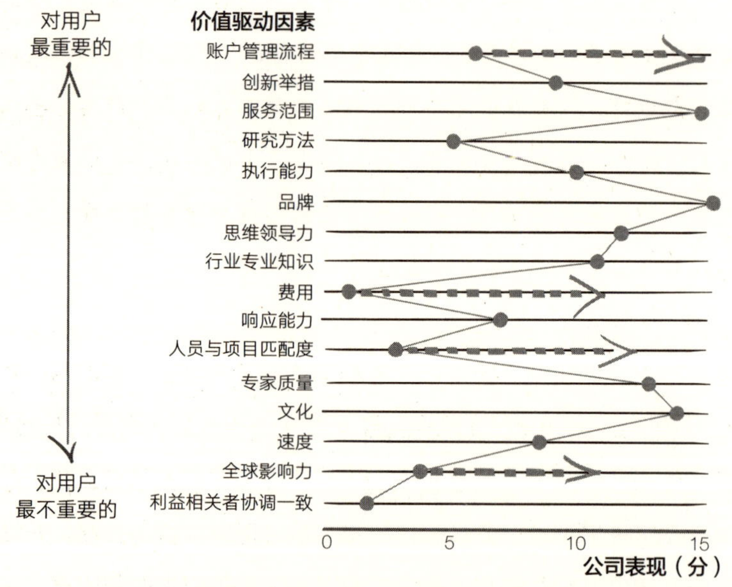

图 17-3　改善 Source Global Research 公司的价值主张

所有箭头都指向右边！在所有人在取舍层面对于公司获取成功的重要性上达成共识整整 1 小时后，我们却并没有看到多少取舍。睿智且雄心勃勃的高管想在每一处都做得更好。这是不是让你想起了自己的公司？你是不是也会在会议上列出一长串需要改进的产品和流程？遗憾的是，任何想要做得面面俱到的尝试最终只会导致平庸的业绩，而且是筋疲力尽的平庸。因为你把有限的资源分摊到了很多不同的价值驱动因素上，这使得组织实现卓越成了不可能完成的任务。

我一直在思考为什么做出取舍会如此艰难。为什么决定不做什么、不在哪方面投资、不在哪方面做到完美是如此困难？这里有一种猜想：取舍的概念最不适用于那些才华横溢、聪明绝顶的人，也就是我所遇到的高管群体及哈佛商学院高管培训项目的学员。这些人几乎在所有事情上能做到最好。只要他们牺牲一点睡眠时间，就可以完成大量工作，及时完成且质量非凡。然而这其中有一个危险因素，那就是把个人的成功模式运用到公司经营上。有些人可以把所有事都做好，但公司不行。公司必须选择它要追求卓越的领域，否则将会沦为平庸之辈。

简单的战略

3 个取舍心得，缔造真正的卓尔不群

在这一章中，我们可以学到的内容简单明了。

- **虽然价值地图是简单的工具，却能为我们提供大量信息。**它向我们展示了决定用户支付意愿的产品和服务属性，它显示了你在哪方面具有创造用户愉悦感的优势，以及在哪方面是落后的；同时，它让你看到了你的公司是否在做正确且合理的取舍，这也许是最重要的。你的卓越表现是否用在了刀刃上？
- **决定在哪方面做得卓越及如何进一步提升业绩是振奋人心的。**而要决定在哪方面不投资，在哪方面做得不完美却困难得多。真正的卓尔不群是建立在取舍上的。没有公司可以把每件事都做好。
- **在你和你的团队开战略会议的过程中，当开始罗列一长串需要解决的问题、完成的项目和改进的服务时，记得问一句："我们应该不做什么？"**

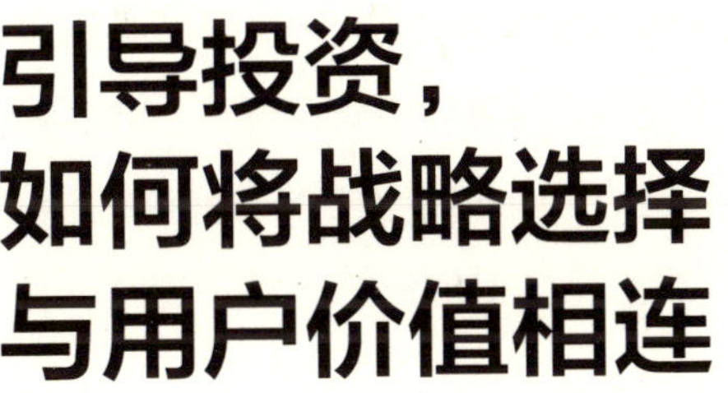

18 引导投资，如何将战略选择与用户价值相连

价值地图不仅是一个强大的可以将取舍可视化的方式，它也能帮助公司引导投资并连接战略与运营。在这一章里，我们将看一下公司是如何运用价值地图将战略选择与工作内容及预算相连接的。

选择一个价值主张

你应该还记得我们在第 3 章中讨论过，一家公司捕获它所创造出来的价值的能力完全取决于其差异化程度，即支付意愿上的差异或者销售意愿上的差异。通过将自己公司的价值曲线与竞争对手的价值主张相比较，你可以找到有效的差异点并想方设法加大差异。让我们来看一个例子。

当线上旅行社亿客行准备构建自己的价值地图时，公司首先询问顾客是如何选择旅行网站的。询问的方式是个性化、开放式对话和焦点小组，这两种方法都适用于识别价值驱动因素。在得到这些驱动因素之后，亿客行调查了 13 000 多名游客，以了解不同价值驱动因素的重要性。公司向游客询问了亿客行在满足他们的需求上的表现如何，并将公司的表现与其他竞争对手的表现进行了比较，得到了图 18-1 所示的价值地图。[1]

图 18-1 展示的价值驱动因素是从最重要（“给我最好的性价比”）到最不重要（“作为顾客，我感受到了公司对我的重视”）进行排列的。灰色长条表示的是每个因素对于顾客来说的重要性。如你所见，8 家公司的表

现在很多方面都非常接近。这是一个竞争十分激烈的行业。为了掌握差异化规律，亿客行将价值驱动因素划分为八大主题（图 18-2）。[2]

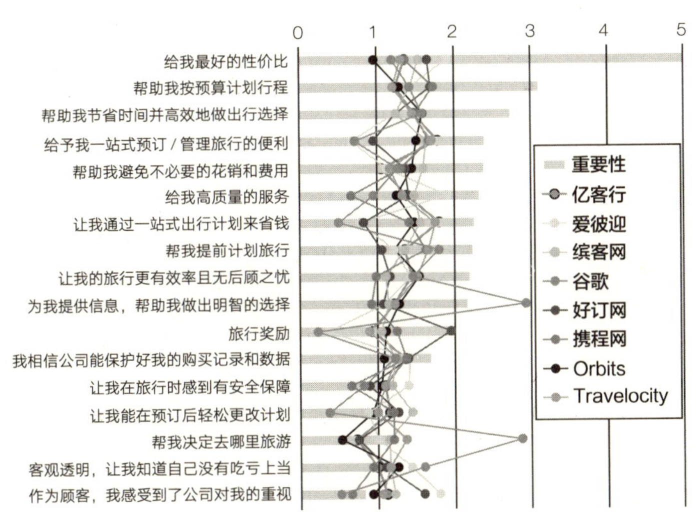

图 18-1　线上旅行服务公司的价值地图

通过图 18-1 和图 18-2 可以看出，爱彼迎在性价比方面领先于行业内的其他公司。亿客行在省时省钱方面得分最高。谷歌也做出了明确的取舍选择，它主导旅行的计划环节，但在很多与其他顾客需求相关的服务方面有所欠缺。缤客网和好订网基本无差异性可言。

对价值驱动因素进行分类非常有帮助，因为它使我们可以感受到品牌个性。亿客行负责战略的副总裁及公司价值地图项目负责人艾克·阿南德（Ike Anand）解释说："根据对竞争对手的观察，我们发现它们通常做得好的价值驱动因素都是为某一主题相似的目标服务的。要想在顾客的心中脱颖而出，你不能只做好一个价值驱动因素。而是必须要做好一整套主题的价值驱动因素。"[3] 虽然形成大的主题对于理解顾客是如何做出购买决定的有着至关重要的作用，但是阿南德依然建议市场调研应该从具体的个别价值驱动因素开始："如果你询问顾客关于一类驱动因素的问题，你会错过能指导公司行动的细节信息。"

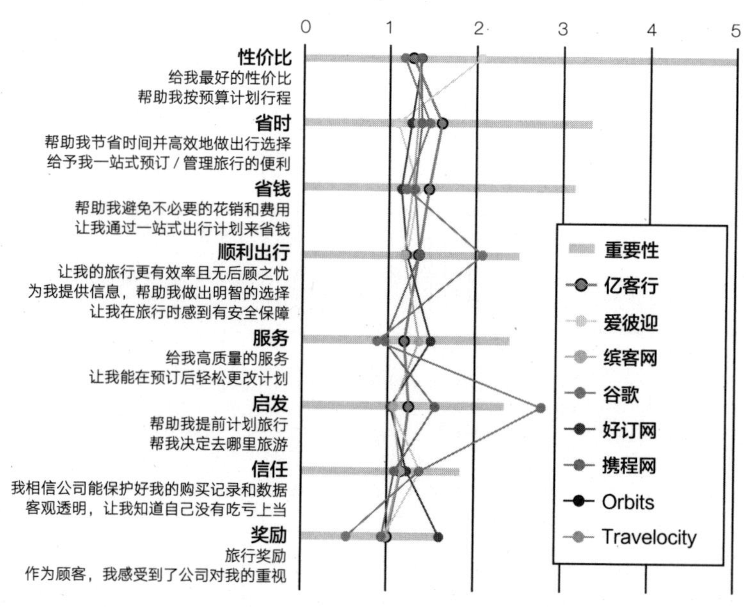

图 18-2　按主题分组的价值驱动因素和公司表现

亿客行公司所做的这类严谨的分析，能帮助公司选择出一个可以囊括关键差异点的有利的竞争定位，也就是能使公司从诸多竞争对手中脱颖而出的一组价值驱动因素。要在这些方面完美超越对手，你需要将资源从其他自己不擅长的价值驱动因素上转移过来。这就是与竞争定位相关联的取舍。

让我们来看一个假设性例子。假如亿客行要对比改变其价值主张的 3 个提案（图 18-3）。[4] 我们在选择提案时要考虑哪些因素？这里列出的是一些关键性考量。

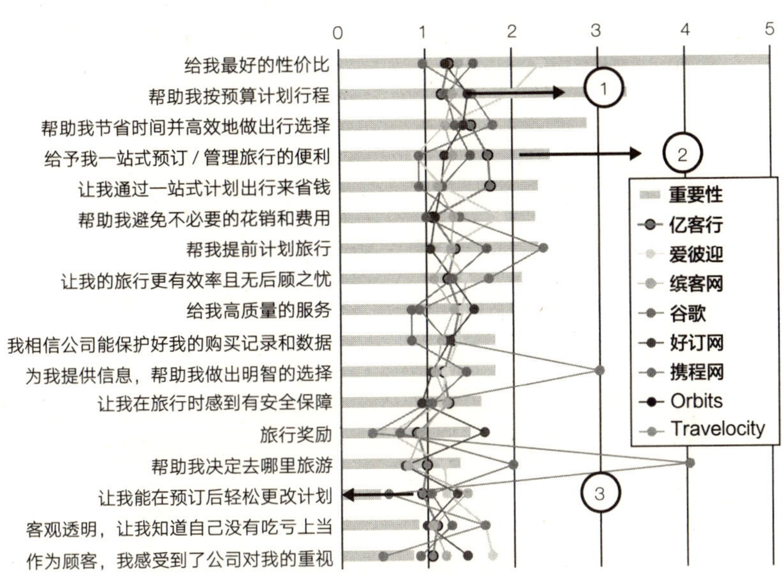

图 18-3　改变你的价值主张

价值战略法则

Better, Simpler Strategy

亿客行，价值驱动的八大主题

- **投资回报率有多少？**你可以计算出每个提案的预期投资回报率。提案 1 是更好地帮助顾客根据预算计划出行，这也许能有效提升支付意愿，然而开发和实施这一项目也许会产生高昂的成本，因此可能会降低财务回报率。对于每一项价值驱动因素上的改变，你都应该清楚它对支付意愿的影响，以及创造价值所需要的资源和能力。
- **要改变的价值驱动因素有多重要？**因为你希望通过

改变价值主张来获得巨大的回报，最具吸引力的做法是提升价值地图上排名接近顶部的价值驱动因素。对于排名低的价值驱动因素的投资价值，你应该持怀疑的态度。

- **要改变的价值驱动因素是否归属于某一个因素主题？**为相似目的服务的一组价值驱动因素通常是非常好的投资选择。正如阿南德所说，价值驱动因素主题能让你的公司在顾客心中脱颖而出。
- **你是在追赶还是在扩大优势？**有时，在弥补短版的项目（提案 1）和扩大现有竞争优势的项目（提案 2）之间进行选择是困难的，尤其是当它们能带来相似的投资回报率时。在这种情况下，很重要的一点是记住你最初希望实现的目标。一方面，你想提升支付意愿，两个提案都能帮你实现；另一方面，你想维持或提高差异化。后者只有提案 2 能够满足。更好地帮助顾客管理预算，能让亿客行更受欢迎，同时也让它与爱彼迎更相似了，最终这会让两家公司不得不在价格上进行竞争。一般来说，扩大现有竞争优势项目的提案要优于追赶竞争对手项目的提案。
- **应该在何处减少投资？**与寻找提升支付意愿的方法同等重要的是找到缩减投入的机会。提案 3 也许会是减少投资的机会，因为它去除了对于顾客来说不那么重要（但成本高昂）的选项。亿客行与大部分公司一样，也很难决定不向哪些领域投资。阿南德回忆说："划重点的对话相对来说更容易些，难的是去重点的对话。第一次绘制价值曲线时，我们得出的结果并没有满足我的预期。但是我们之间的对话非常有帮助，因为这些对话让我们明显看到大家都不愿意进行过多的削减。如果你将这一流程延续下来，每季度开一次会进行这样的对话，然后每年对价值地图进行一次更新，并再次进行对话，这样一来就会成为一种习惯，大家都会更适应做去重点的决定。”

综合考虑以上因素，你应该可以得到一个从右上方向左下方倾斜的价值曲线，正如我们在第 17 章中讨论过的：你是在对顾客的支付意愿有着重要影响的领域做到极致，并将对价值创造影响较小的价值驱动因素列为非优先项目。[5] 与此同时，价值曲线的形状要反映竞争态势。如果你所选择的价值主张与竞争对手的价值主张极为相似，再完美的资源配置也无法带来竞争优势。

细分用户群体，为其创造不同的价值曲线

亿客行在价值地图上更加清晰地看到了公司整体的竞争态势。你也可以运用价值地图来做更具体的投资决定。对用户进行细分就是一个例子。大部分公司服务的用户群体不止一个，有时惠及一个用户群体的计划不一定会在服务于其他用户时占优势。图 18-4 显示的是斯洛伐克的私人银行塔特拉银行（Tatra Banka）的价值地图。塔特拉银行成立于 1990 年，成立后很快便在数字技术上领先于欧洲银行。塔特拉银行在 2009 年首次为用户提供了移动银行服务，并于 2013 年推出了语音生物识别系统，2018

年推出了人脸识别系统；其创新服务赢得了 100 多个奖项。

2019 年末，塔特拉银行决定进行战略升级。其首席执行官迈克尔·利代（Michal Liday）解释了其中的原因："我们希望带着在现有战略中学习到的经验来对战略进行全面升级，新的战略要考虑到世界发展趋势和用户的改变。"[6] 塔特拉银行运用价值地图来了解银行的战略机遇。"我们一直深信，在一个竞争激烈的环境中，差异化是获得成功的唯一途径。"利代说，"我们一直在努力争取差异化。价值地图起到了关键性作用，因为只是口头上说一句'我们要与众不同'是不够的。你要了解用户是怎样看待这个市场的，他们都在意哪些因素。这样你就可以通过专注于这些因素来形成差异化优势。"

塔特拉银行的领导层在研究升级后的价值地图时发现，大众用户（图 18-4a）和高收入用户（图 18-4b）之间有着巨大的差异。[7]

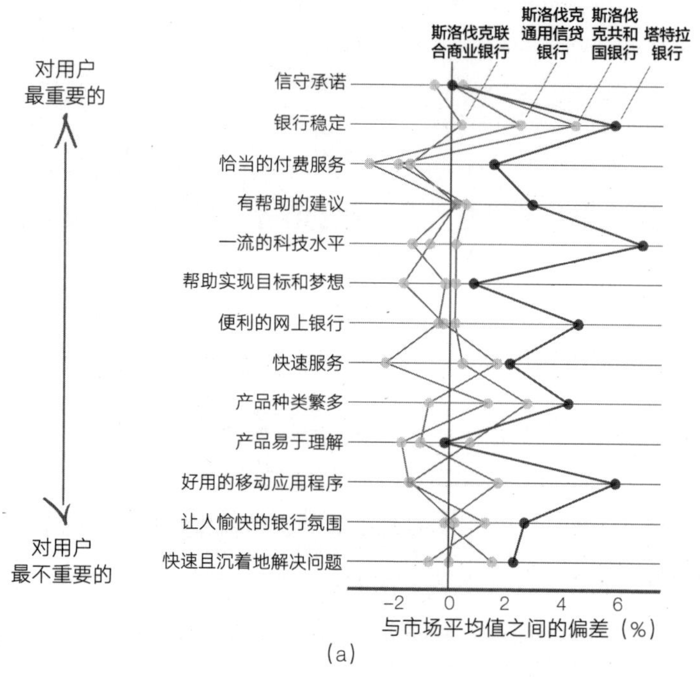

（a）

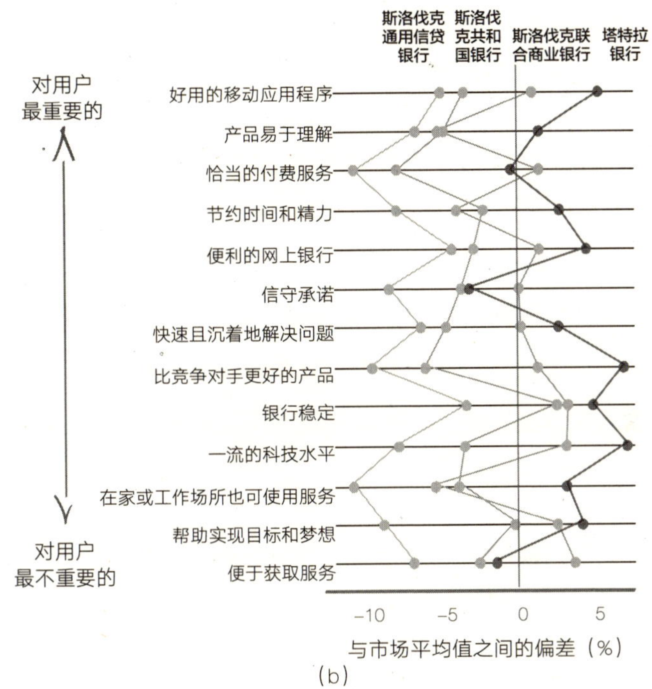

图 18-4 塔特拉银行的价值地图

两个用户群体间有一些共同的价值驱动因素。例如，两组用户都对收费比较敏感。然而最让人意外的是两个用户群体之间存在着很多差异。对于高收入用户来说，一个非常好用的移动应用程序是最重要的。大众市场的用户也很喜欢塔特拉银行的移动应用程序，他们给塔特拉应用程序的评分比市场平均分高出了 6%，但同时对于他们来说，应用程序的质量远不及银行的财务稳定状况和机构信守承诺的表现重要。

不同用户群体在价值驱动因素上的差异对战略选择有着重要的意义。在塔特拉银行的例子中，银行在移动技术上的投资所获得的回报没有在两个用户群体更相似的情况下获得的回报多。在极端情况中（价值驱动因素完全不同的用户群体），分析报告会告诉你，成功地为所有用户群体服务是不可能的，因此你必须要对需要重点服务的用户细分群体做出选择。通过彰显用户群体之间的共同性和差异性，价值地图为公司确定服务范围，以及为谁服务、提供什么样的产品提供了关键的信息。

我建议在最开始用最精细的用户细分群体来进行价值曲线分析，为每个用户群体创造不同的价值曲线。如果数据显示两个群体的价值驱动因素几乎完全相同，你就可以把这两个群体合为一个群体。然而如果一开始就从粗泛的用户分类开始，你很有可能看不到可以影响战略决定的微妙差异。

营销漏斗，用户的旅程

价值曲线也可以用来有效地引导用户完成购买流程。图 18-5 中显示的是塔特拉银行面向大众市场中的用户的营销漏斗。该用户群体中大概有 90% 的人知道塔特拉银行，然而只有 19% 的人在使用塔特拉银行的服务。

公司是如何让更多人使用其服务的？价值曲线将告诉你哪些驱动因素能有效地将用户从漏斗的一个阶段带到下一个阶段。图 18-5 按重要性显示了相关价值驱动因素。例如，塔特拉银行的移动应用程序在鼓励正在考虑使用塔特拉银行的用户前往塔特拉银行开户方面尤其有用。然而在用户是否会将塔特拉银行作为主要银行方面，移动应用程序并没有那么重要。对于这一现象，利代解释说：“……反映了我们以前的战略短板。我们之前的专注点是技术创新和功能，而不是用户体验。然而用户体验才是真正影响我们与用户之间关系深度的关键因素，所以现在我们要重新聚焦。使用科技手段是好的，但是应该想办法通过科技手段提升我们与用户之间的互动。”

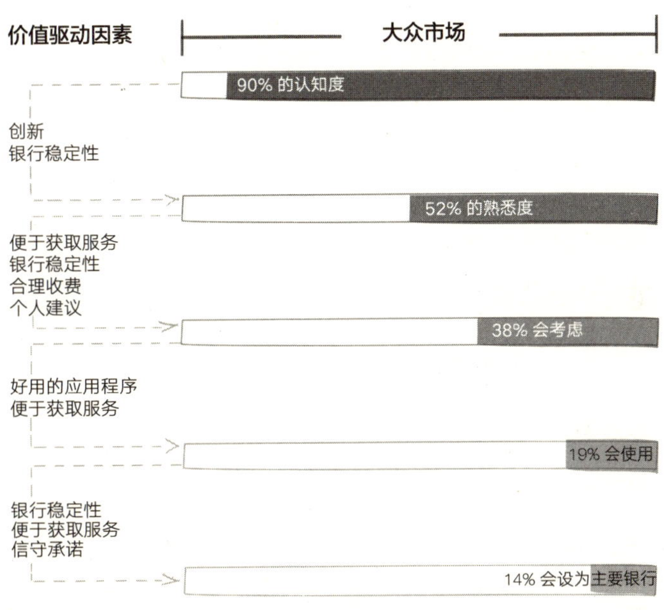

图 18-5 塔特拉银行营销漏斗中的价值驱动因素

从价值地图到战略实施

一旦决定了需要加强的价值驱动因素和需要降低其优先级的驱动因素，接下来自然就是战略的实施了。关键步骤是想办法让价值驱动因素朝着我们期望的方向移动，这是让创造力大放异彩的时刻，然后再分配战略实施的责任。[8] 图 18-6 用凯膳怡（Kitchen Aid）的例子向我们展示了这个流程。惠而浦（Whirlpool）是凯膳怡品牌的拥有者，它将投资聚焦于 4 个价值驱动要素：多功能性、性能、外观和工艺。公司针对每一个价值驱动因素都设计了一句标语，来描述从用户的角度出发的有关产品的看法。多功能性的标语是“烹饪或加热，随时随地，想怎么用就怎么用”。工艺方面的标语是“做工精致，经久耐用，永远不会坏”。工程师用这些标语来识别创新项目属于哪一个价值驱动因素链。惠而浦将这些因素链称为迁移路径，每条路径都能在 4 个纬度中的一项里提升支付意愿。图 18-6 中的长方形代表的是公司计划的创新项目。[9]

在惠而浦的迁移路径中，我认为尤其有趣的是这些路径里也囊括了在运营方面缺乏资源的项目。将这些项目放到迁移路径上非常重要，因为它显示了重新配置人力和资本以更有效地提升用户支付意愿的机会。

看到这 4 条迁移路径（由大箭头表示），你也许会推断惠而浦要在创新上参与竞争。但这种推断是错误的。创新不过是一个工具，这其中的战略是要加强 4 个价值驱动因素。惠而浦时任首席执行官的戴维·惠特瓦姆（David Whitwam）说：“我不知道还需要强调多少次。创新不是我们的战略。我们的战略是以品牌为中心的价值创造……创新只是战略的关键驱动因素。”[10] 在迁移路径所展示的战略实施过程中，凯膳怡得以实现大幅的财务增长，且在以品牌为中心的价值创造的前 5 年把价格上调了 3%。这是非常了不起的成就，尤其是在整个行业的价格下跌了 7.7% 的情况下。

塔特拉银行通过一个路径图展示了创造价值的业务活动、责任及公司业绩之间的关系。价值地图被挂在了公司和支行最显眼的地方。利代解释说：“我们在‘银行经’中对战略进行了描述。这是一份很好的文件，然而我们注意到书中所讲的战略与我们的 4 000 多名员工的日常工作没有直接的联系。”塔特拉银行通过这个路径图将战略与银行员工的日常工作连接了起来。

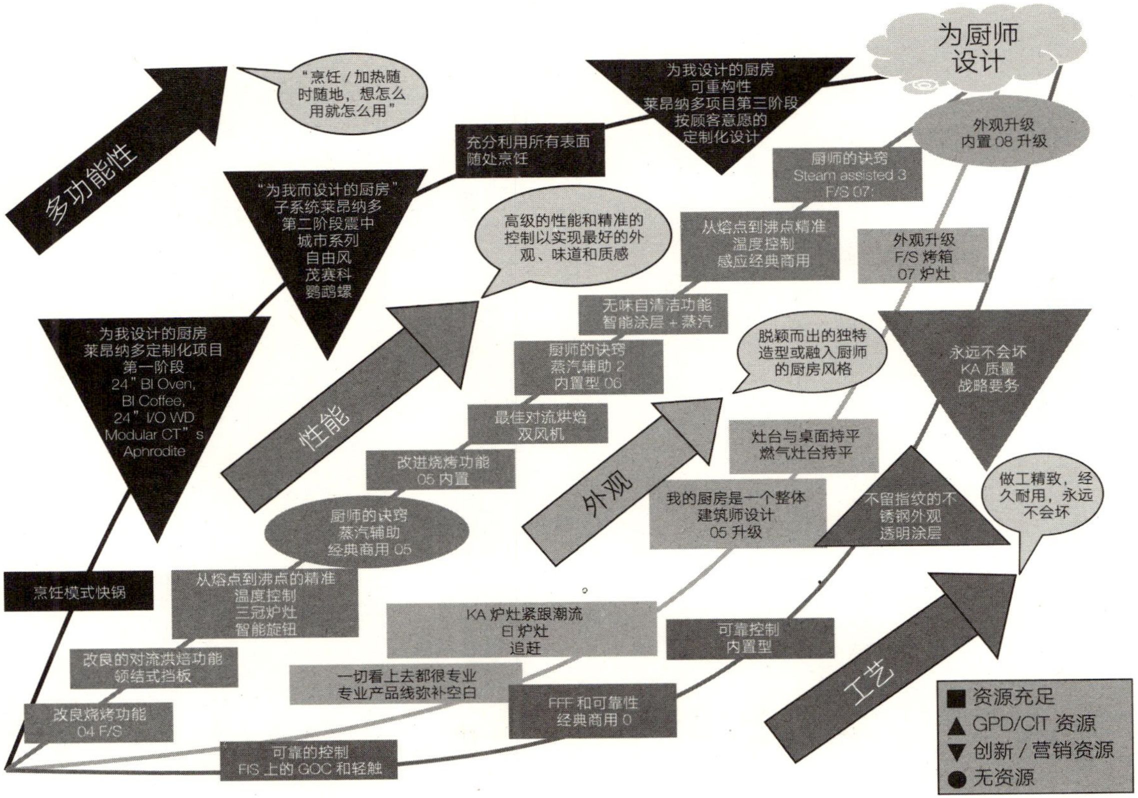

图 18-6 凯膳怡的迁移路径

图 18-7 中显示的是与大众市场用户相关的这部分路径图。

“活动”指的是帮助塔特拉银行将价值驱动因素朝着其希望的方向移动的流程和工作。路径图的最上面一排显示的是关键绩效指标。例如，2020 年塔特拉银行希望成为大众市场群体中 57% 的用户的首选银行。“我们每个季度都会回顾所有的项目活动并针对带有愁苦表情图的领域进行详细的讨论。为什么我们没能实现预定目标？”利代说，“如果一项活动历经 3 个季度都无法达到预期目标，我们就会与所有部门的负责人和地区领导，约 60 位经理开会讨论。项目负责人在会上深入探讨问题所在，然后我们共同寻找解决方案。”利代笑着补充说：“这是所有人都想避免的会议。”利代认为是路径图让几乎每个人对战略方向都有了更深刻的理解：“让我最高兴的是在员工参与度调查中，接近 90% 的员工表示他们理解银行的战略并知道自己的工作与公司的战略有着怎样的联系。”

像对待用户一样，对待你的员工

与为用户提供具有差异化的价值主张同样重要的是销售意愿方面的优势。“这对于我们来说是一个过程。”利代说，“我们当然知道公司应该有一个发展战略。然而经过了一段时间之后，我们才真正意识到应该用同样的角度看待用户和员工。我们进行了一系列高强度的练习，希望能了解对于我们的员工来说什么是最重要的，他们是如何找到工作的意义的。”为了识别并加大在销售意愿方面的差异，你可以应用与上文介绍的完全一样的流程。图 18-8 中显示了塔特拉银行是如何与其他银行竞争有成为银行柜员意向的人才的。

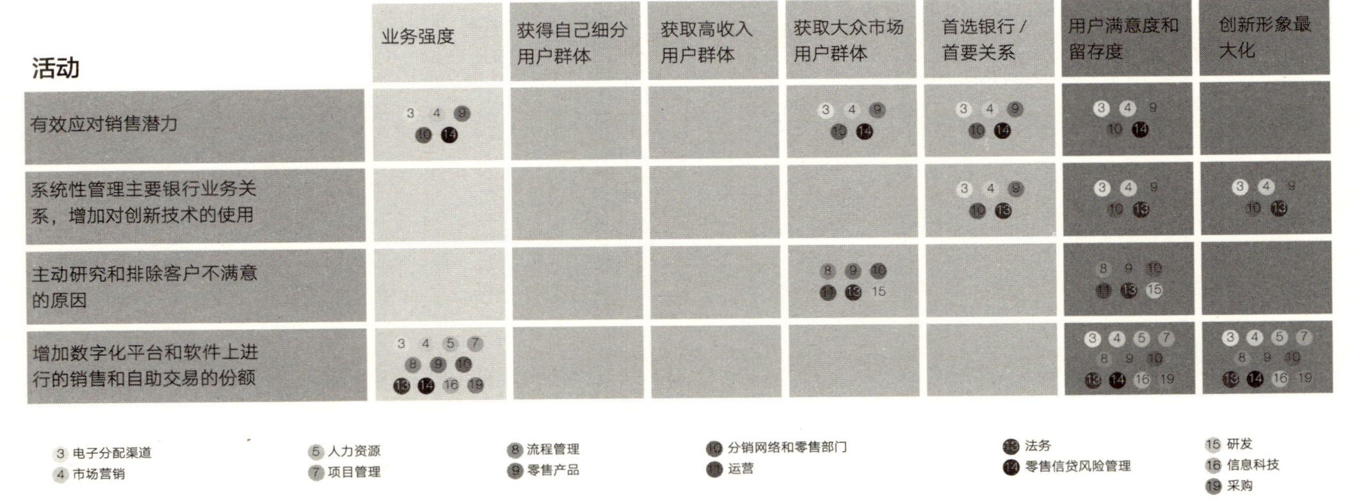

活动	业务强度	获得自己细分用户群体	获取高收入用户群体	获取大众市场用户群体	首选银行 / 首要关系	用户满意度和留存度	创新形象最大化
有效应对销售潜力	3 4 9 10 14			3 4 9 10 14	3 4 9 10 14	3 4 9 10 14	
系统性管理主要银行业务关系，增加对创新技术的使用					3 4 9 10 13	3 4 9 10 13	3 4 9 10 13
主动研究和排除客户不满意的原因				8 9 10 11 13 15		8 9 10 11 13 15	
增加数字化平台和软件上进行的销售和自助交易的份额	3 4 5 7 8 9 10 13 14 16 19					3 4 5 7 8 9 10 13 14 16 19	3 4 5 7 8 9 10 13 14 16 19

图 18-7　塔特拉银行路径图：连接活动和关键绩效指标

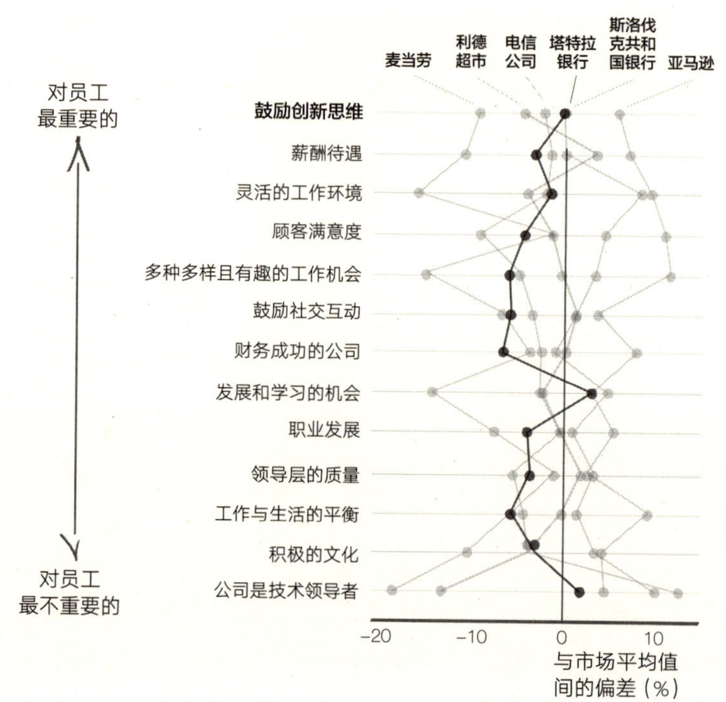

图 18-8　在斯洛伐克参与银行柜员行业的人才竞争

在斯洛伐克，亚马逊是有成为银行柜员意向的群体的不二之选。亚马逊在所有最重要的因素上的表现都尤为突出：有吸引力的工作环境（“创新思维”）、丰厚的薪酬待遇，以及灵活的工作环境。相比之下，麦当劳则表现欠佳：它只在两个价值驱动因素上接近市场的平均水平（顾客满意度和领导层的质量），而且在任何一个因素上它都不占据领先优势。数据也显示，塔特拉银行在这类人才的竞争中处于非常艰难的境地。塔特拉银行最有希望的机会是强调公司鼓励创新性思维，以及能为学习和发展提供很好的机会。

请记住，任何销售意愿（或支付意愿）的衡量指标都是主观的。

图 18-8 中的价值反映的是未来员工的感知。这些价值不一定就是这 6 家参与竞争的公司的实际差异。然而这种感知依然是重要的，因为它们决定了这些劳动力在待业时会考虑哪些工作。如果你发现自己的人才库中缺少的某些人才群体是你可以为之提供具有吸引力的工作岗位的，那么你应该仔细检查一下自己的人才漏斗。价值曲线能帮助你了解人才是如何看待你的公司的工作前景的。分析结果能帮助你制订雇主品牌营销计划并引导招聘方向。

全面战略计划包括用户和人才的价值主张。如果你的公司还依赖一些关键的供应商或者需要与一些重要的互补品供应商进行紧密合作，你也应该为这些关系绘制价值地图。

总之，这些价值地图将会指出无数可以创造价值的机会。因为由这个流程所衍生的每一个计划都是为了提升支付意愿或降低销售意愿，使组织内部保持协调一致，而你也能避免公司的几百个项目计划朝着不同的方向拉扯。

简单的战略

五大关键优势，完善你的价值地图

价值地图是帮助公司从战略规划（计划如何转移支付意愿和销售意愿）转向战略实施（实现转移支付意愿和销售意愿的具体行动和项目）的强有力工具。以我的经验来看，这一工具可以带来以下几个关键优势：

- **支付意愿和销售意愿可以汇总数据。**了解用户的支付意愿能让你看到竞争举措和定价决定，然而它并不能告诉你这个价值背后的原因。理解价值驱动因素则填补了这个信息空白。“公司沦为平庸是非常可怕的。”利代说，“我们知道需要做到与众不同。但我们需要知道怎样才能与众不同。价值地图是在这个复杂的世界里指引我们探奥索隐的完美工具。”
- **价值地图是以数据为依据的。**人们很容易依赖自己的直觉和坊间传闻来判断用户的支付意愿和员工的销售意愿。但根据我的观察，公司进行严谨的价值曲线分析后，几乎无一例外地会得到一些出乎自己意料的信息，如某个价值驱动因素没有想象中的那么重要，或公司在某些领域的表现与预期不符。“这个方法是持续且以研究数据为依据的，”亿客行的阿南德说，“你真的可以衡量自己的进步程度。价值地图有更多的细节信息，也更加可靠，因为它是以数据为依据的。”

- **从价值地图的菱镜看你的公司是完全以用户、员工、供应商为中心的。**请记住，只有真正能影响到这三方的价值感知，才是公司的真正业绩。
- **大多数公司通过搜集大量数据来了解用户对于自己公司的看法，以及员工在工作上的参与度。**价值曲线分析促使你从用户和人才的角度看待竞争对手。“把所有竞争对手都绘制到一张图里是很有意思的，”阿南德解释道，“很多时候公司做大量研究是为了看清自己，但价值曲线分析能让公司看清整个行业，这是非常有帮助的。”
- **价值驱动因素处于支付意愿、销售意愿的抽象概念与现有产品或服务的具象属性的中间。**这其中有两大优势。一方面，价值驱动因素足够具体，可以形成行动方案。它能够直接与运营模型及关键绩效指标相连接。另一方面，价值驱动因素并没有明确表明要如何满足某个用户需求的细节。它能帮助你寻找新的方式来满足用户。专注于价值驱动因素，能帮助你避免跌入狭隘思维的陷阱，你不会再认为公司的成功在于卖出更多现有的产品。

Better, Simpler Strategy

第六部分

从价值到价值网络，不做“盲飞”的企业

思考如何创造价值，
利润便会如影随形。

Better,
Simpler Strategy

19

连点成线，放大你的竞争优势

为了实现超凡的业绩，战略家们运用了两个杠杆：支付意愿和销售意愿。在前面的章节中，我们讨论了提升支付意愿或降低销售意愿的主要机制。价值地图可以帮助我们找到在支付意愿或销售意愿上形成差异的机会。专注于某个杠杆（支付意愿或销售意愿）能帮助我们描述创造价值的具体机制。

然而在实践中，某项战略举措不太可能只影响这两个杠杆中的一个。现实中，大多数的战略举措会同时影响价值棒的两端，因此在开始进行一项战略举措之前，你要考虑到这项举措会带来的所有影响，如支付意愿、价格、成本、销售意愿。这一点尤为重要，因为这 4 个元素是相互联系的。在最好的情况下，支付意愿的提升能降低销售意愿，形成战略家们所说的双重优势。然而在其他一些情况下，支付意愿的提升会导致销售意愿的提升，并且会降低供应商盈余，这会迫使公司不得不做出选择：取悦用户或取悦供应商。

在本章中，我们将一同探索不同模式的价值创造之间的种种联系。要评估某项战略举措的效果，我们需要考虑所有的价值驱动因素，以及它们之间的内在联系。让我们先看一个真实的案例：汤米·希尔费格决定进入适应性服装市场。

汤米·希尔费格的适应性

“妈妈，我明天想穿牛仔裤上学，我的朋友们都会穿牛仔裤。”对于大多数父母来说，这样的请求并没有什么难的。然而对于明迪·沙伊尔（Mindy Scheier）来说这却是一个巨大的挑战。她的儿子奥利弗当时只有8岁，患有一种罕见的肌肉萎缩症。沙伊尔解释说：“我们很早就知道每天穿衣服对于他来说会非常困难。他无法扣上扣子。他很难把裤子套在腿部支架外面。于是我们决定每天就让他穿运动裤上学，因为只有这样他在学校才能安全地上厕所。”[1] 当奥利弗提出穿牛仔裤的请求时，身为服装设计师的沙伊尔深吸了一口气：“我看着他，然后告诉他明天就穿牛仔裤上学！”

那天晚上，沙伊尔买了一条牛仔裤，她把拉链拆掉，剪去裤子两侧部分并缝上尼龙搭扣，这样就可以把裤筒套在奥利弗的腿部支架外面了。“它看上去像是个手工艺品。任何受过专业培训的服装设计师看到它都会觉得无法理解。”沙伊尔回忆说，“但这次经历让我看清了一件事。穿着运动裤上学让奥利弗感到自己在着装上是无能的。即便是曾在时尚行业工作的我，居然也完全忽视了衣着给他传递的信息，他错过了衣着本可以带给他的自信。”

从那天晚上开始，沙伊尔就把为4 000万难以自己穿衣的美国人提供适应性服装当成了自己的使命。[2] 在定下与汤米·希尔费格的首席执行官加里·欣鲍姆（Gary Sheinbaum）会面时间的那天，沙伊尔更是看到了希望的曙光。为了让欣鲍姆相信通过对服装进行简单的改造便可以满足身患残疾的顾客的需求，沙伊尔购买了汤米·希尔费格童装系列的所有单品，而且每款都买了两件。“会面的那天，我把房间布置成一个展厅，呈现了改造前和改造后的场景。”她说，“我向他展示了衣服的原始版本和经过我改造的版本，改造后的版本看着与之前差不多，但很多部位都可以调节以更方便穿上和脱下，而且在纽扣后面设置了磁铁，这是更好的扣和系统。”

欣鲍姆立即抓住了机会。沙伊尔回忆说：“我们的会面进行了不到 5 分钟，加里一拍桌子说，‘我们做。我难以相信竟然还没有人做这件事。这实在太棒了！’”沙伊尔很高兴，也很惊讶，“汤米·希尔费格真的是第一个看到这里面的价值的公司，它看到了潜在的商业机会，知道这是一件可以造福社会的正确的事。在我与其他品牌的对话中，我听到的反馈都是，‘如果没人做这件事，那这其中一定有相应的理由。’”欣鲍姆这样解释自己对这个创意的理解：“这项业务和我们的品牌就是天作之合。汤米·希尔费格一直崇尚包容性文化，而公司也准备好拥抱更加多元的顾客。”[3]

汤米·希尔费格与沙伊尔合作，于 2016 年推出了专为残障儿童设计的服装系列。一年后，公司推出了汤米适应性服装系列，其中也包括成人服装（图 19-1）。

图 19-1　汤米适应性服装系列

注：汤米·希尔费格公司提供，已获得使用许可。

2020 年，汤米适应性服装系列被拓展到了其他地域，使得日本、欧洲及澳大利亚的消费者都能买到这一系列的产品。适应性衬衫、裙子和裤子看起来与普通的汤米・希尔费格服装几乎一模一样，但是适应性系列向顾客提供了更简单的扣和系统（如磁铁和单手拉链），服装的下半身设计也为了确保坐轮椅的舒适度而进行了优化设计（通过降低裤子的前腰来减少坐下时布料堆积，并对后档进行无缝处理来消除压力点），且能套在假肢外面（下摆处的隐蔽磁铁可适用于腿部支架和矫形器），同时方便移动（单手便可调节肩部或背后有开口的裙子及带有松紧滑扣的裤子）。在汤米・希尔费格的官方网页上，适应性系列服装与主线系列服装并排展示。汤米适应性服装系列在 Zappos、梅西百货及亚马逊的线上商店也均有销售。

整合性战略思维

在建立适应性服装业务的过程中，汤米・希尔费格的团队展现出了我在很多成功的战略家身上看到的令我十分钦佩的思维。他们极度专注于价值的创造，建立了对目标顾客深切的同理心，并且谨慎地考虑了参与适应性服装市场竞争带来的所有后果。图 19-2 显示了汤米・希尔费格是如何创造和捕获价值的。

支付意愿和价格

汤米・希尔费格早期的调研显示，适应性服装系列能通过 3 种方式提升顾客的支付意愿。身患残疾的顾客愿意多付 10% 的钱来对他们的衣服进行功能性改造。每位顾客每年在适应性服装上的花销超过 500 美元，单就美国市场来看，这是一个价值 60 亿美元的市场。

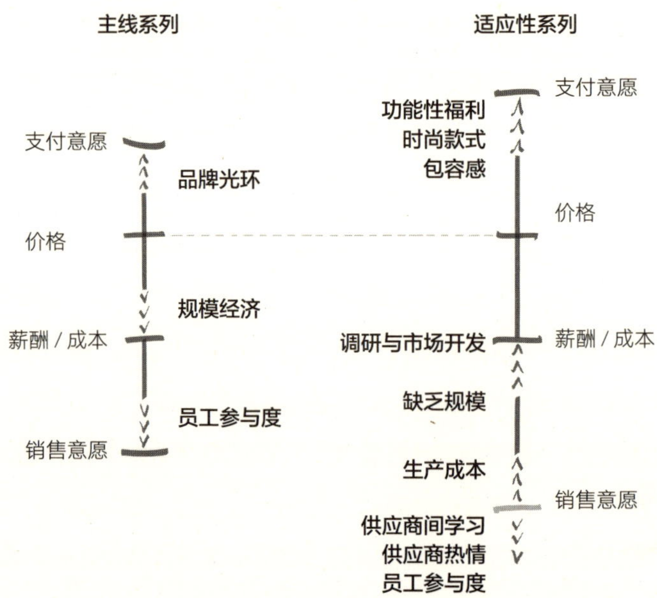

图 19-2　汤米・希尔费格主线系列与适应性系列之间的对比

汤米・希尔费格的品牌强度和独特款式能进一步提升用户的支付意愿。一张 2016 年的价值地图显示，现有的适应性服装缺乏一个响亮的品牌，选择有限，且未能得到社会认可（图 19-3）。一位焦点小组的参与者解释道："市面上已有的所谓'适应性'服装更多的是侧重于功能性。看起来就像医用产品。"[4] 为残障顾客服务的服装设计师斯蒂芬妮・托马斯（Stephanie Thomas）说："一个令人不安的事实是，市面上为宠物设计的时尚品牌都要比为残障人士设计的服装品牌多。"[5]

欣鲍姆及其团队得出的结论是，汤米・希尔费格要想占据竞争优势，需要在舒适性和合身性上与竞争对手的表现持平。但要打败对手，公司要运用希尔费格品牌的传统优势，也就是款式和社会认知。

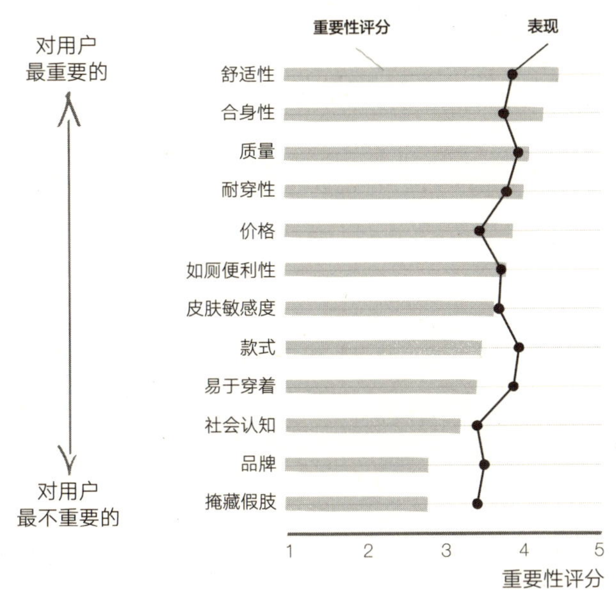

图 19-3　汤米·希尔费格的竞争对手的价值驱动因素和表现

团队还发现，还有一个价值驱动因素是尊重感和包容感。对此，汤米·希尔费格的执行副总裁珍妮·多农弗里奥（Jeannine D'Onofrio）给出了如下解释：

> 我们很快就意识到这会是一件多么困难的事情。即便是在焦点小组里，你都会担心一不小心冒犯了别人。如果我问了个错误的问题，我是不是会冒犯到他们？我想这可能是没有其他主要品牌进入这个市场的原因之一。还有一种感觉就是你不想让这些顾客失望。他们已经在人生中遭遇了那么多的挑战。很多公司不想遭到排斥，所以认为还是远远观望最安全。[6]

为了建立尊重感和包容感，汤米·希尔费格做出了一系列关键的决定。首先，公司放弃汤米适应性产品的价格溢价。多农弗里奥解释说：“我们为这一群体服务的愿望必须是纯粹且真诚的，如果让他们觉得我们在利用他们，如对他们之前从没拥有过但现在想要的衣服索要高价，这个代价我们承担不起。”其次，团队还放弃了早期关于另建一个独立网站来为汤米适应性服装系列的顾客服务的想法，而是在公司官网上介绍适应性系列。在焦点小组里，很多参与者一再向团队强调不要让他们感到自己与其他人不一样。“我会希望别人像描述普通服装那样来介绍适应性服装。我不想感到被孤立。”其中一位参与者说。另一位补充说：“就像普通服装分加小区和加长区，可以直接告诉我们：‘这里是自适应区。’”[7]

在进行了一年多的大量调研和超过 1 500 次的深度采访后，欣鲍姆及其团队打造出了一个可以体现提升用户支付意愿的 3 个主要驱动因素的用户旅程（图 19-4）。这 3 个主要驱动因素分别是：拥有多重功能设计的适应性服装；所有设计都是与残障人士进行密切咨询后得出的方案（图 19-4 中的第 1 步至第 6 步）；款式考量（第 8 步、第 9 步）；包容感和归属感（第 10 步至第 14 步）。[8]

汤米适应性服装系列一经推出就没有让人失望。“它产生的影响是巨大的，”欣鲍姆说，“适应性服装系列推出的第一个季度，汤米官网上销量最好的 5 款产品中就有 2 款来自适应性服装系列。童装业务的 20% 都是来自适应性服装系列。”[9]

销售意愿和成本

汤米适应性服装系列产品的生产成本比汤米·希尔费格的普通服装要

高出 20%。高出的成本一方面源于生产所需的额外材料，如每块磁铁的成本是 1 美元；另一方面源于对设计进行改造所用的时间。汤米·希尔费格让供应商来承担这部分额外的生产成本。多农弗里奥回忆说：“当我们第一次向他们展示残障顾客穿着汤米·希尔费格的服装的视频时，供应商的反应非常强烈。有些人甚至眼中闪烁着泪光。所有人都想知道自己能如何帮助我们。我们说，‘给我们和以前一样的价格。这就是供应商能提供的帮助。’”

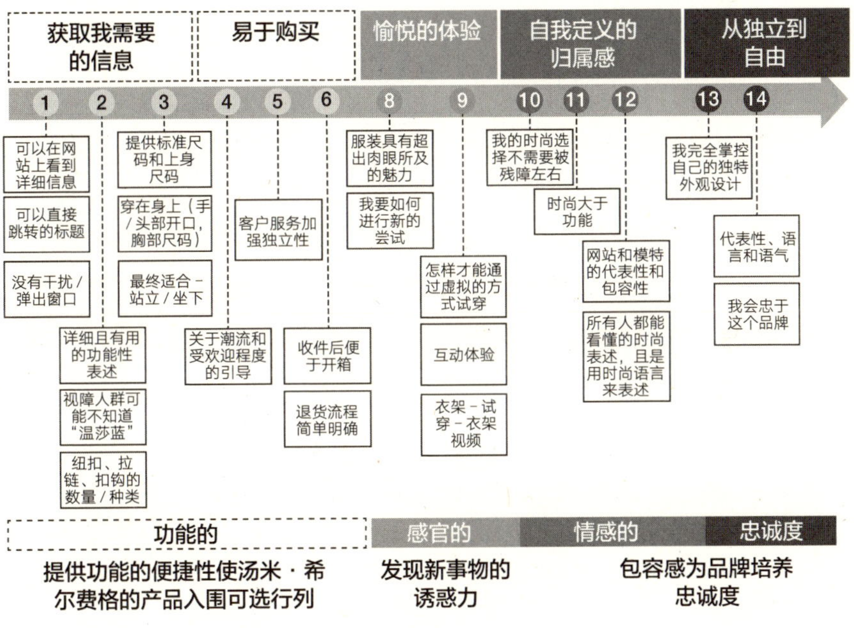

图 19-4　汤米适应性服装系列的用户旅程

随着供应商逐渐熟悉新的生产流程（避免磁铁吸在缝纫机上只是诸多挑战中的一个），他们会互相分享经验。“一般来说，每家工厂都有提高生产效率的不同方法，”多农弗里奥说，“然而这一次我们看到了不同寻常的坦诚，供应商愿意分享他们的经验和见解。每个人都想让适应性服装系列获得成功。”虽然新增的生产流程的复杂性提升了供应商的销售意愿且降低了他们的利润，但供应商之间的相互学习及为残障人士的福祉做出一点贡献的热情又反过来降低了他们的销售意愿并增加了盈余，这对前者产生了缓冲作用。

适应性服装系列的团队在汤米・希尔费格自己的员工身上也看到了类似的热情。市场部高级总监萨拉・霍顿（Sarah Horton）有很多这样的例子："员工会主动问经理，‘我们怎样才能参与到这个项目中？’我们第一次去找广告团队时，他们的时间已经完全预定满了。他们没有多少闲暇时间，却依然找到部门负责人，申请接下这个额外的项目。很多团队都做了类似的事情，这真的让我非常震撼。”[10] 多农弗里奥补充说："适应性服装系列影响了公司里的很多员工，如客服中心的员工。他们以前听到的大部分都是抱怨和指责，有的顾客还对他们大喊大叫，还有一些会挂断他们的电话。然而适应性服装系列的顾客则不同。1/3 的呼叫是顾客在表达自己的谢意。”

溢出效应和价值捕获

汤米适应性服装系列不仅提升了用户的支付意愿还降低了员工（可能还有一些参与项目的供应商）的销售意愿，并且这一系列还影响了品牌的主营业务。“毋庸置疑，适应性服装系列给品牌带来了溢出效应和光环效应。”欣鲍姆说，“大概有 85% 的适应性服装系列的顾客是第一次接触汤米・希尔费格这个品牌，其中 44% 前来购买适应性服装的顾客也会购买品牌下的其他产品。”[11] 在汤米适应性服装系列的团队对公司进入适应性服装市场之后的财务影响建模时，他们预测一旦形成规模，汤米适应性服装系列的利润率将达到普通服装系列的利润率水平。[12]

创造你的双重优势

综合考量业务中所有的价值驱动因素能让你看到它们之间的依赖关系。对于汤米适应性服装系列来说，每一项优势归根结底都是建立在用户愉悦感上的。如果汤米·希尔费格没有这么慷慨地让利于顾客，员工的参与度和供应商对项目的热情就会大大降低。顾客在适应性服装系列和普通服装系列之间进行跨系列购买的可能性也会降低。欣鲍姆及其团队非常清楚这些连带关系。他解释说："汤米适应性服装系列就是要为身患残疾的儿童和成人创造更好的生活。改善他们的生活是我们所做的一切的动力。"汤米·希尔费格着重权衡了用户愉悦感与员工、供应商的销售意愿之间的关系。要想维持高涨的员工参与度和供应商热情，品牌一定不能采取有侵略性的定价策略。

汤米适应性服装系列的双重优势，即更高的支付意愿和更低的销售意愿也许让一些战略家感到意外。很多人认为做到这些很难，甚至也许不可能同时提升支付意愿和降低销售意愿。在他们看来，公司的资源和能力可以让他们改善用户愉悦感或供应商盈余，但不能两者兼备。公司不断寻找新方式来取悦用户的思维，与不顾一切降低成本和提高生产率的思维是截然不同的。在这些高管看来，致力于实现双重优势的结果很可能是一个都实现不了，而是被"夹在中间"。正如迈克尔·波特教授所说："一个公司被夹在中间，通常表明这家公司不愿意为参与竞争的方式做出选择，它希望在所有领域都能获得竞争优势。可这样往往最终什么优势都得不到，因为通常情况下实现不同的竞争优势所需要的行动之间并不是协调一致的。”[13]

但是，波特教授在这里说的不协调并不适用于一些有着自然连带关系的价值驱动因素。汤米适应性服装系列为一部分弱势群体创造了无与伦比的价值，这自然而然地就激起了员工的热情。我们在本书中一次次地看到了这种连带关系。当奎斯特为呼叫中心的员工创造更具吸引力的工作环境时（销售意愿↓），呼叫质量得到了改善（支付意愿↑）。购物中心为苹果公司提供更优惠的租金价格（销售意愿↓），因为苹果公司能为其吸引大量的购物者（支付意愿↑）。Narayana Health 的医生执行了很多手术，提高了手术的效率（销售意愿↓），并改善了手术质量（支付意愿↑）。当英特尔（及其他像三星这样的半导体公司）提高了生产良率，也就是没有瑕疵的晶圆的比例，产品质量上升了（支付意愿↑），成本下降了（销售意愿↓）。[14] Progressive 保险公司的紧急救援车队为出车祸的用户提供了更好的帮助（支付意愿↑），并且可以此减少骗保行为和降低管理费用（销售意愿↓）。[15] 每次坐飞机前你是不是都会提前在线上值机，因为你喜欢自己选座位？线上值机为你带来了更大的愉悦感（支付意愿↑），你也帮助航空公司减少了人员成本（销售成本↓）。

从这些例子中我们发现，双重优势并不罕见。我们通常会在员工满意度与用户体验紧密相连的服务业中看到它。创造双重优势要特别留意一组价值驱动因素和其他驱动因素之间的关系。这种连带关系越强，你的公司所占据的优势就越大。

找到你的价值棒

每当我造访一些公司时，都会习惯性地询问公司高管他们的公司是如何取得今天的成绩的。我发现同一家公司的高管对此的看法都不尽相同。但是如果对成功没有相同的理解，引导投资并维持长期竞争优势就会比较困难，甚至难以实现。正如我在本书中所阐述的，基于价值的战略是公司内部针对业绩形成共识并找到增加回报的机会的理想选择。

要在公司里开启这场对话，需要先拿出一张纸，画一个价值棒，然后问 3 个简单的问题。我们需要做些什么才能转移支付意愿？我们如何才能改变销售意愿？我们的价值驱动因素、价格和成本之间有着怎样的联系？前面的章节为你提供了成功引导这场对话所需的所有核心思想和值得考量的因素。你将会从这场对话中取得以下收获：

- **识别价值。**大多数公司靠财务分析来决定要开展哪些项目。这些分析可以反映出公司捕获价值的能力，但通常不能说明价值是如何被创造出来的。以研究汤米适应性服装系列的财务模型为例，你能从中看到公司的利润率和投资回报率。但用户愉悦感及在残障人士中得到的大量商誉，是无法在财务报表中得到体现的。然而用户愉悦感却是汤米·希尔费格在这个市场中获得一切优势的基础。如果在引导组织时没有意识到公司所创造的价值，你就是在“盲飞”。
- **找出价值驱动因素。**了解公司在支付意愿或销售意愿上占据的优势当然是有益的，然而比这更重要的是要理解这些优势从何而来。正如我们在第 18 章中所看到的，价值地图非常适合用来找到关键性价值驱动因素。但在形成价值地图之前，即便是一个非正式的对话也有助于使团队协调一致。

- **看到连带关系。**有些战略举措能创造双重优势，而有些举措只能产生一些混合效应。我们可以看一下那些决定生产与 IBM 系统兼容的个人电脑的公司的竞争地位。通过采纳主导性行业标准，这些公司得以从网络效应中受益，网络效应为用户提供了大量好用的软件，而且具有跨设备的广泛兼容性（支付意愿↑）。然而要想在 IBM 兼容产品的市场中竞争，这些生产厂家同样也面临着两大强势的供应商：英特尔和微软（成本↑）。1990 年，这两家公司占据了整个行业 51% 的利润；1995 年这一比例上升至 72%，现在为 80%；留给其他公司的利润所剩无几。[16] 与很多其他例子一样，在这个例子中，支付意愿的提升导致了成本的增加，这使得这个战略不再具有吸引力。连点成线，看到你的价值驱动因素、价格与成本之间的关系（是正向关系、中立关系还是负向关系），是评估一项战略举措是否真的值得追求的重要一步。
- **协调投资，保持公司活动的一致性。**如果公司对自己创造价值和捕获价值的方式只有很浅显的认知，那么它就会被迫将投资分摊到很多不同领域和企业活动上。谁知道呢？没准哪项举措就能成功。万一那项没有获得投资支持的项目也许真的就会影响公司的未来呢？在这些公司里，引导投资和协调企业活动是一件非常艰难的工作。有的团队为了提升支付意愿而进行的投资，却增加了成本。还有的团队为了获得成本上的竞争力而牺牲了产品质量。很快，公司里各种不协调的活动就会乱成一团，都夹在中间，无法产生明显的竞争优势。理解自己创造并捕获价值的方式能让你将投资引向正确的方向，使工作得以协调，以及加强现有的竞争优势。

简单的战略

画出你的价值棒，开启这场对话

我希望这本书能促使你拿起纸笔，绘制出那根价值棒，开启这场对话。研究显示的结果对你来说是有利的。

你有充分的理由对自己公司的潜力抱有乐观的态度，相信它能发展得更好，能更上一层楼。与此同时，如果你们在讨论公司价值棒的对话之初出现分歧，我也并不意外。

不必惊慌也不要气馁，这是常见的情况，让这些分歧浮出水面，表达不同观点的过程也能带来很多有用的信息。当你们在对话中（或通过可靠的数据证明某些推断，也可以搜集案例来证明一些举措的可行性）逐渐就公司现有业绩及未来机遇达成共识时，就可以确信，这一切都是为了实现公司的最终目标：**为用户、员工、供应商及股东，创造价值。**

结语

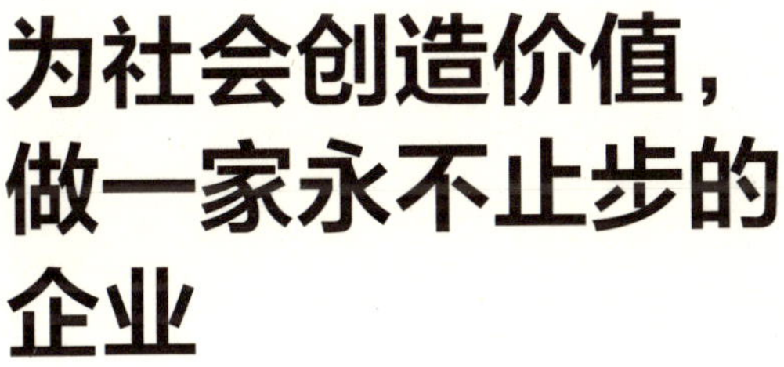

为社会创造价值，做一家永不止步的企业

公司要为所有利益相关方提供价值

2019 年中期，由美国最大的 188 家公司的首席执行官参与的商业圆桌会议传来了一个完全出人意料的消息：商业圆桌会议打破了 20 年来支持股东资本主义的传统。与会的首席执行官们指出，股东至上的理念已经过时了。在未来，公司要为所有利益相关者提供价值，包括用户、员工、供应商及股东。圆桌会议主席是摩根大通公司的首席执行官杰米·戴蒙（Jamie Dimon），他解释说："新的目标更加准确地体现了首席执行官及其公司的运营模式。我们也可以以此为公司领导定下新的标准。"[1]

你应该可以想象，这个决定顿时引发了一系列褒贬不一的回应。福特基金会总裁达伦·沃克（Darren Walker）说："这是一个绝好的消息，对于 21 世纪的公司来说，专注于为所有利益相关者提供长期的价值比以往任何时期都更重要。"[2] Progressive 保险公司首席执行官特里西娅·格里菲斯（Tricia Griffith）也认同这一观点："首席执行官的确是要为股东创造利润和回报价值，但运营得最好的公司并不会止步于此。它们把用户放在首位，并对员工和社区进行投资。"[3] 专栏记者詹姆斯·麦金托什（James Mackintosh）则在《华尔街日报》上表达了讥讽和质疑，他认为这种立场的改变对公司的实际运营不会有什么影响："我们应该还是会看到一样的结果：公司将针对最新的公司治理潮流做出各种承诺，然而却依然一如既往地做着相同的事情。股东回报将依然是公司的第一要务，也会是它们的第二要务、第三要务。”[4]

这些首席执行官是否真正信奉利益相关者资本主义？我们看到了一些可喜的迹象。例如，德鲁克研究所的一项报告显示，参加商业圆桌会议的首席执行官所引领的公司，在很多利益相关者资本主义的重要领域的表现都超出了平均水平。[5] 阿尼什·雷格南丹（Aneesh Raghunandan）和希瓦·拉贾格帕尔（Shiva Rajgopal）教授对此持怀疑态度，他们指出，商业圆桌会议的成员公司比其他同行业、同规模的公司更容易违反劳工与环境规定。[6]

五大行动方案

现在去判断圆桌会议的成员公司是否会长期坚守利益相关者资本主义还为时过早，而且很遗憾我没有水晶球可以预测未来。然而我们可以找到一些行为标准，并列出这样一份清单：如果董事会和首席执行官真正在意所有利益相关者的利益，他们会做出怎样的决定、采取怎样的行动。基于价值的战略尤其能够帮助我们制订出这份清单，因为这个框架本身就包含了对价值明确的定义及分享价值的具体方法。

我的预期清单如下所示。

1. **专注于利益相关者的公司不会因为提升了用户的支付意愿就为此邀功。**为用户创造价值是公司的本质。能提升支付意愿不过是公司管理有方的体现。即便是把股东价值作为唯一专注点的公司，也会寻找机会提升支付意愿。[①]

2. **专注于利益相关者的公司也不会因为降低了员工和供应商的销售意愿而邀功。**同样的道理也适用于价值棒底端。为员工和供应商创造价值是公司为员工提供福利、为供应商贡献利润的方式。但大部分这些行为也同样出现在了完全以财务回报为中心的公司里。
3. **专注于利益相关者的公司会更慷慨地分享它们创造出的价值，这超出了我们从竞争的角度对价值分享的预期。**利润驱动型公司会保证股东，也就是公司所有者回报率的最大化。而那些致力于平衡各方利益的公司对用户、员工和供应商会更加慷慨。图 20-1 显示了其中的差异。

为了吸引用户、员工和供应商，专注于利益相关者的公司至少要提供与其受利润驱动的竞争对手同等的价值（用户愉悦感、员工满意度和供应商盈余）。图 20-1 中显示了这种情况。在价格 p 和成本 p 的位置，专注于利益相关方的公司还未真正为所

---

① 我知道这可能是个严苛的要求。对于专注于利益相关者的公司，用户愉悦感具有内在价值。因此，公司会投资到一些以股东利益为中心的公司选择放弃的支付意愿上。因为这些投资很多时候也会为专注于利益相关者的公司带来利润，所以在实践中，我们很难区分完全由财务回报促成的支付意愿的提升与反映了股东、用户需求的支付意愿的提升。我之所以把这个预期定得这么高，是为了避免一些公司单凭这一点就来证明自己是以利益相关者为重的。

有利益相关者创造价值。它为用户和员工提供了参与行业竞争所必须的价值，然而所有创造出的额外价值都给了股东。也就是说，公司是在追求利润最大化。如果董事会和首席执行官们真的是想用一种新的方式平衡所有利益相关者的利益，他们会更加慷慨地让利于用户（通过更低的价格）、员工（通过提供更丰厚的薪酬），以及供应商（通过为半成品和服务支付更高的价格）。[①]

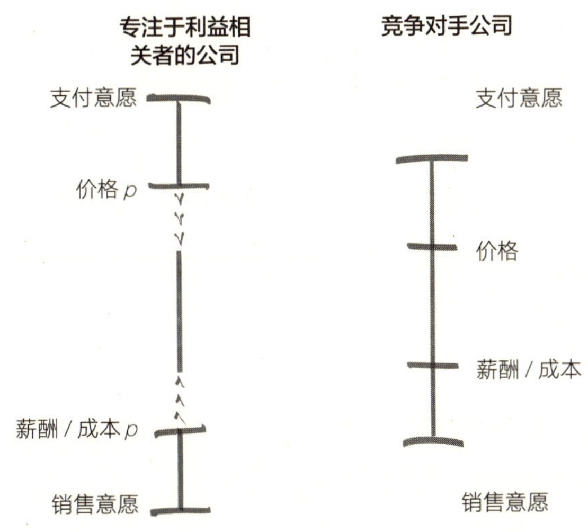

图 20-1　专注于利益相关者的公司与竞争对手公司之间的对比

① 请注意价格 p 和成本 p 已经反映了我们在第 19 章讨论的价值驱动因素之间的联系。例如，一家公司也许会制定更丰厚的薪酬体系，因为它明白更满意的员工能提供更好的服务，从而提升支付意愿，进而允许公司收取更高昂的价格或者获得更多业务。这只是聪明的经商技巧，并不是专注于利益相关者的表现。

4. **专注于利益相关者的公司会考虑经济活动的真正成本，也会支持必要的价格调整政策。**如果价格反映的不是资源的真正成本，价值棒所体现的由公司创造的价值就是不准确的。在今天，最重要的例子是全球变暖。因为碳的价格并不体现释放温室气体的成本，所以我们燃烧了过多的化石燃料，对地球上的生命造成了巨大的危害。专注于利益相关者的公司会自行尝试修订错误定价，如它们会为飞行购买碳抵消，并且会支持修订价格的相关公共政策。只专注于股东回报的公司至今依然在抵制碳定价，与之相对的很多以利益相关者为重的公司不会去游说反对设计合理的碳税。[7]
5. **专注于利益相关者的公司不会利用政治影响来削弱竞争。**竞争使得公司不得不与用户和员工分享价值。通过游说来争取贸易保护或其他能抬高准入壁垒的政策，是不符合为所有利益相关者提供价值的原则的。限制竞争能为股东（也可能为员工）带来更大的财务回报，却会牺牲用户的利益。

从价值的角度来看利益相关者资本主义，有两方面我认为尤其重要。第一，公司能为用户、员工和供应商创造大量价值，即使这家公司的唯一目标是财务回报。回想一下本书中的案例：百思买、苹果、米其林、奎斯特、英特尔、汤米·希尔费格等，每一个案例都验证了公司有能力为用户创造愉悦感，使员工满意，让供应商享受盈余。竞争是保证公司不断寻求创新并为利益相关者服务的关键因素。

第二，当价格无法反映经济活动的真正成本时，股东资本主义是最摇摇欲坠的。通过政治影响维持扭曲的价格或限制竞争，会大大动摇任何一种形式的资本主义，无论是股东资本主义还是利益相关者资本主义。更糟糕的是，收入和财富的不平等会给予公司领导者更大的通过政治手段动摇公平的价值分配体系的能力（更强的意愿）。[8] 结果显而易见。在发达国家，50% 的人都认为“当今的资本主义，对世界造成的伤害要大于它给世界带来的福祉”。[9]

简单的战略

专注于价值的创造，而不是价值的捕获

你能做得更好，对此我深信不疑。进步的关键是不懈地专注于价值的创造，而不是价值的捕获。好在这两者并不矛盾。我们一次又一次地看到，财务成功会紧随价值创造之后，翩然而至。[10]从政策的层面来看，这意味着公司的领导者需要尤其留意标准表单上的第4项和第5项。动摇市场只会让我们更加贫穷，且更加分裂！然而，最重要的工作存在于公司内部。无论你在公司中处于什么位置，无论你是独自工作、与团队合作，还是领导一家大型公司，我是否可以请你在提升支付意愿或降低销售意愿的征途中永不停歇，不断寻找新的方式？我是否能让你相信，你的角色是重要且崇高的？追求为他人创造价值，以或大或小的方式触及人们的生活，还有比这更有意义的人生吗？

注释

考虑到环保的因素，也为了节省纸张、降低图书定价，本书制作了电子版的注释。请扫描下方二维码，下载“湛庐阅读”App，搜索“战略是简单的”，即可获取注释。

未来，属于终身学习者

我这辈子遇到的聪明人（来自各行各业的聪明人）没有不每天阅读的——没有，一个都没有。巴菲特读书之多，我读书之多，可能会让你感到吃惊。孩子们都笑话我。他们觉得我是一本长了两条腿的书。

——查理·芒格

互联网改变了信息连接的方式；指数型技术在迅速颠覆着现有的商业世界；人工智能已经开始抢占人类的工作岗位……

未来，到底需要什么样的人才？

改变命运唯一的策略是你要变成终身学习者。未来世界将不再需要单一的技能型人才，而是需要具备完善的知识结构、极强逻辑思考力和高感知力的复合型人才。优秀的人往往通过阅读建立足够强大的抽象思维能力，获得异于众人的思考和整合能力。未来，将属于终身学习者！而阅读必定和终身学习形影不离。

很多人读书，追求的是干货，寻求的是立刻行之有效的解决方案。其实这是一种留在舒适区的阅读方法。在这个充满不确定性的年代，答案不会简单地出现在书里，因为生活根本就没有标准确切的答案，你也不能期望过去的经验能解决未来的问题。

而真正的阅读，应该在书中与智者同行思考，借他们的视角看到世界的多元性，提出比答案更重要的好问题，在不确定的时代中领先起跑。

湛庐阅读 App：与最聪明的人共同进化

有人常常把成本支出的焦点放在书价上，把读完一本书当作阅读的终结。其实不然。

时间是读者付出的最大阅读成本

怎么读是读者面临的最大阅读障碍

“读书破万卷”不仅仅在“万”，更重要的是在“破”！

现在，我们构建了全新的“湛庐阅读”App。它将成为你“破万卷”的新居所。在这里：

- 不用考虑读什么，你可以便捷找到纸书、电子书、有声书和各种声音产品；
- 你可以学会怎么读，你将发现集泛读、通读、精读于一体的阅读解决方案；
- 你会与作者、译者、专家、推荐人和阅读教练相遇，他们是优质思想的发源地；
- 你会与优秀的读者和终身学习者为伍，他们对阅读和学习有着持久的热情和源源不绝的内驱力。

北京市版权局著作权合同登记号　图字：01-2022-2185

图书在版编目（CIP）数据

战略是简单的 /（美）菲力克斯·奥伯霍尔泽-吉著；王喆译. -- 北京：中国财政经济出版社，2022.8
书名原文：Better, Simpler Strategy
ISBN 978-7-5223-1575-1

Ⅰ. ①战…　Ⅱ. ①菲…　②王…　Ⅲ. ①企业战略　Ⅳ. ① F272.1

中国版本图书馆 CIP 数据核字（2022）第 126035 号

责任编辑：王　飏　　　　责任校对：胡永立
封面设计：ablackcover.com　　　　责任印制：张　健

战略是简单的
ZHANLUE SHI JIANDANDE

中国财政经济出版社 出版
URL：http://www.cfeph.cn
E-mail:cfeph@cfemg.cn

社址：北京市海淀区阜成路甲 28 号　　邮政编码：100142
营销中心电话：010-88191522
天猫网店：中国财政经济出版社旗舰店
网址：https：//zgczjjcbs.tmall.com
唐山富达印务有限公司印装　　各地新华书店经销
成品尺寸：170mm×230mm　　16 开　　19.75 印张　　253 000 字
2022 年 8 月第 1 版　　2022 年 8 月河北第 1 次印刷
定价：109.90 元
ISBN 978-7-5223-1575-1
（图书出现印装问题，本社负责调换，电话：010-88190548）
本社图书质量投诉电话：010-88190744
打击盗版举报热线：010-88191661　　QQ：2242791300